sehr **schnell** kochen

Lena Elster und
Thomas Askan Vierich

sehr **schnell** kochen

10 min.

15 min.

20 min.

30 min.

45 min.

2 Wochen*

Kochen auf Vorrat *

Lena Elster und Thomas Askan Vierich

Sehr schnell kochen – ist gar nicht schwer

Sie haben zu wenig Zeit, um selbst zu kochen? Ihre Erfahrung sagt: Kochen dauert, ist mühsam, oft brennt etwas an und abwaschen muss man am Ende auch noch.

Das Abwaschen können wir Ihnen leider nicht abnehmen. Aber wir zeigen Ihnen, wie Sie ganz einfach und schnell kochen. Mit über 100 Rezepten, die Sie in weniger als 30 Minuten auf den Tisch bringen.

Wie das geht? Mit Planung und Vorbereitung, den richtigen Vorräten, ein wenig Organisation in der Küche und ein paar einfachen Kochkniffen. Sie erfahren von uns, was man immer zu Hause haben und worauf man beim Einkaufen achten sollte. Warum Tiefkühlware oder Dosen schneller und manchmal sogar besser als Frischware sind. Und: Nichts ist nerviger, als im entscheidenden Moment ein bestimmtes Werkzeug oder eine Zutat suchen zu müssen. Sofort bricht Chaos aus und etwas verbrennt bestimmt. Das ist uns auch schon passiert. Wir haben daraus gelernt – und geben Ihnen unsere Erfahrungen weiter. Denn es sind oft die unscheinbaren Kleinigkeiten, an denen die großen Dinge scheitern …

Kochen macht Spaß und ist garantiert befriedigender als ein Besuch im Schnellrestaurant. Mit ein bisschen Übung können Sie sich selbst, Partner, Kinder, Freunde und Verwandte (Mütter!) beeindrucken. Probieren Sie es aus! Ran an die Kochtöpfe! Wir stehen an Ihrer Seite.

Frische Vollmilch
Frischkäse
17 09 11
53L11176
21 06

Einkauf und Vorbereitung für eine schnelle Küche

Gemeinsam Planen

Wer erst beim Betreten der Wohnung überlegt: „Was koch' ich heute bloß?", hat in den meisten Fällen schon verloren. Am besten legen Sie einmal pro Woche einen Speiseplan fest – gemeinsam mit dem Partner oder der Familie. Zusammen am großen Tisch. So macht die Planung Spaß und jeder bekommt das, was er oder sie gerne isst.

Zeitsparend einkaufen

Wenn Sie eine Woche geplant haben, können Sie alles Tiefgekühlte sowie andere länger aufzubewahrende Lebensmittel in einem Gang einkaufen. Für besondere Zutaten lohnt es sich dann, ab und zu mal einen Spezialladen wie einen Asiashop aufzusuchen.

Lagerung von frischen Zutaten

Eine schnelle Küche braucht aber auch Frischware: Gemüse, Obst und Fleisch sollten Sie so zeitnah wie möglich kaufen. Trotzdem können Sie diese Lebensmittel eine kurze Zeit lagern, sodass Sie nicht jeden Tag wieder losgehen müssen. Achten Sie darauf, dass das Fleisch aus einer artgerechten Tierhaltung kommt. Und dass alles Frische einen möglichst kurzen Transportweg zurückgelegt hat.

Fleisch

Fleisch sollte im Kühlschrank am kältesten Ort (unterste Glasplatte) liegen und nicht länger als zwei bis vier Tage aufbewahrt werden. Huhn so frisch wie möglich verzehren, Rindfleisch kann ein paar Tage im Kühlschrank liegen. Hackfleisch innerhalb von 24 Stunden verbrauchen. Tiefgekühlt können Sie Fleisch ohne Qualitätsverlust drei Monate aufbewahren.

Fisch

Beim Kauf von frischem Fisch auf glänzende Augen und rote Kiemen achten. Wie der Geruch nach Meer und Salzwasser sind sie Indikatoren für Frische. Bei gefrorenem Fisch nur Ware mit dem Gütesiegel „MSC" (Marine Stewardship Council) kaufen, das für nachhaltige Fischerei steht. Greenpeace und WWF veröffentlichen Listen mit besonders geschützten Arten. Aal oder Thunfisch sind extrem gefährdet und sie werden fast immer mit Beifang gefangen. Empfehlenswert ist heimischer Süßwasserfisch. Während sich tiefgekühlter mindestens drei Monate hält, verzehren Sie frischen Fisch innerhalb von ein, zwei Tagen.

Alles in Griffnähe

Wenn es ans Kochen geht, heißt es wieder, gut planen. Rezept durchlesen und alles bereitlegen: Werkzeuge, Zutaten und Gewürze. Am besten bewahren Sie alles an seinem festen Platz auf – Gewürze in Griffnähe, Schöpfkellen und Ähnliches an praktischen Wandgittern oder in Ständern.

Übung macht schnell

Tja, und dann macht Übung den Meister. Auf Anhieb werden Ihnen nicht alle Gerichte in der angegebenen Zeitspanne gelingen. Aber beim zweiten Mal wird es schon deutlich schneller gehen. Und beim dritten Mal werden Sie die angegebene Zeit unterbieten.
Am wichtigsten: Nerven behalten und den Spaß am Kochen nicht aus den Augen verlieren. Die Küche zu Hause ist kein Ort für Perfektionisten, sondern ein Ort zum Improvisieren und Ausprobieren. Und natürlich zum Genießen.

Ein richtig gefüllter Vorratsschrank ist die wichtigste Grundlage für die schnelle Küche. Folgende häufig eingesetzte Zutaten sollten Sie immer da haben: Olivenöl (extra nativ) und Rapsöl, einen guten Aceto balsamico und einen milden Weißweinessig, Bio-Brühwürfel oder Fond im Glas. Mehl, Paniermehl, braunen und weißen Zucker, Puderzucker, Honig, Sojasauce (am besten dunkle und helle) und eine Tafel dunkle Schokolade (mindestens 70 % Kakaoanteil). In Dosen oder Gläsern: geschälte Tomaten, getrocknete Tomaten in Öl, weiße Bohnen, Kichererbsen und Kokosmilch. Dazu noch eine Packung Linsen, vorgekochten Couscous, Basmati-Reis und Arborio-Reis (Rundkornreis für Risotto) und einige Packungen Nudeln (Penne, Spaghetti).

Auch der Kühlschrank sollte gut bestückt sein. Mit Butter, Milch, Eiern, Frischkäse, Natur-Joghurt, einigen Bio-Zitronen und Zitronensaft. Im Gemüsefach hält sich frischer Ingwer einige Wochen, auch Zwiebeln, Schalotten (kleine, süße Zwiebeln), Knoblauch, frische Chilischoten und Kartoffeln. Dazu braucht man immer mal wieder: Pinienkerne für Pesto (sie werden im Kühlschrank weniger schnell ranzig), Parmesan und Senf (am besten Dijon). In den Tiefkühler gehören neben gehackter Petersilie und tiefgefrorenem Gemüse wie grüne Bohnen, Spinat und Erbsen auch Fisch oder Meeresfrüchte (vor allem Garnelen). Hilfreich sind auch fertiger Blätterteig für den schnellen Strudel und tiefgefrorene Beeren für unsere fixen Eis- und Sorbetkreationen.

Mit frischen Kräutern können Sie Saucen, Fleisch oder Salate ohne lange Kochzeit im Handumdrehen verfeinern und ungewöhnliche Geschmacksnuancen schaffen. Auf Ihrer Fensterbank sollten Sie daher immer einige Kräutertöpfe stehen haben.

Dazu gehören die Klassiker Petersilie, Basilikum, Minze, Thymian, Rosmarin und Oregano. Für Fortgeschrittene empfehlen wir zudem einen kleinen winterfesten Lorbeerbaum: Denn frisch schmecken die Blätter besonders aromatisch.

Ab und zu verwenden wir in unseren Rezepten auch exotischere Exemplare, beispielsweise Koriander, Zitronenthymian oder Lavendel. Die bekommen Sie im Topf manchmal im Supermarkt, immer im Gartencenter. Koriander auch in jedem Asiashop.

Auf dem Gewürzregal brauchen Sie für die schnelle Küche nicht viele, aber einige wichtige Gewürze. Die sollten in der Nähe, aber nicht unmittelbar über dem Herd lagern. Neben Kochsalz, Meersalz, eventuell Fleur de Sel für Salate und Steaks, schwarzen und weißen Pfeffer sind das Zimt (gemahlen und in Stangen), Vanilleschoten, Safran, ganzer Kreuzkümmel, Rosmarin, Thymian, Oregano, ganze Muskatnüsse, Kardamomkapseln und Nelken. Außerdem: getrocknete rote Chilischoten und Lorbeerblätter. In Form von Würzmischungen sollten ein gutes Currypulver (zum Beispiel Garam masala) und die bekannte marokkanische Mischung Ras el-Hanout bereitstehen. Dazu im Glas: Kapern, grüne und schwarze Oliven sowie ganzer grüner Pfeffer.

HAVELLÄNDER OBSTGARTEN
Beeren-cocktail
TIEFGEFROREN
750g
Junge Erbsen
sehr fein
bio inside
CousCous

Schnelle und empfehlenswerte Fertigprodukte

Um die Küche zu beschleunigen, empfehlen wir, ab und zu auf Fertigprodukte zurückzugreifen. Damit meinen wir kein vorgekochtes Convenience Food, sondern frische Pasta, tiefgekühltes Gemüse, Früchte oder Fisch und gekörnte Brühe.

Tiefgekühlt ist gesund

Ruhig Tiefkühlgemüse, vor allem Erbsen oder grüne Bohnen, verwenden: Das Gemüse wird frisch geerntet, ist das ganze Jahr – auch ohne klimaschädlichen Import – verfügbar und enthält viele Vitamine. Laut Testberichten oft sogar mehr als „Frischgemüse", das tagelang unter Neonlicht im Supermarkt liegt. Man kann das tiefgekühlte Gemüse direkt aus der Packung verwenden, braucht es nicht mehr zu waschen und oft nur kurz (also schonend) zu erwärmen.
Tiefgefrorene Früchte kann man ebenfalls das ganze Jahr über kaufen – und sie sind angetaut essentiell für unsere Blitzeis-Kreationen. Natürlich greifen wir auch immer wieder auf frische Früchte zurück. Aber nur, wenn sie Saison haben!

Manchmal tut's auch die Dose

Auch Dosengemüse oder Gemüse im Glas findet bei uns Verwendung: Da man sie meist vorrätig hat, sind sie schnell einsatzbereit. Bei weißen Bohnen empfehlen wir ausdrücklich die Dose: abspülen, abtropfen, fertig! Tests haben ergeben, dass Tomaten in Dosen oft größere Mengen wertvoller Pflanzenstoffe bieten als frische. Für viele unserer Gerichte braucht man aber frische Tomaten, weil nur die wirklich knackig sind und Dosentomaten länger kochen müssen, um ihr volles Aroma zu entfalten.

Die schnellste Pasta

Frische Pasta aus dem Kühlregal muss nur wenige Minuten gegart werden und schmeckt oft besser als getrocknete. Man bekommt sie frisch abgewogen auf dem Markt, im italienischen Delikatessengeschäft oder aus dem Kühlregal des Supermarkts. Gleiches gilt für Gnocchi oder Schupfnudeln: am besten frisch!

Vorteil Vorgegartes

Beim Couscous auf vorgegarte Ware zurückzugreifen. Beim Reis nicht, das schmeckt nicht. Ein Risotto muss gerührt werden. Das dauert nicht länger als 20 Minuten. Und Langkornreis muss ziehen. Aber die Zeit kann man für andere Zubereitungsschritte nutzen.

Brühwürfel am besten bio

Brühe selbst herzustellen sprengt den zeitlichen Rahmen dieses Buches – obwohl es aus geschmacklichen Gründen zu empfehlen wäre. Aber Brühwürfel oder die teureren Fertigfonds gehen auch. Am besten auf Bio-Produkte zurückgreifen.

Teig und Fisch

Gefrorener oder gekühlter Fertigteig ersetzt bei uns frisch gemachten und trägt dazu bei, dass man leckere Strudel unter 30 Minuten zubereiten kann.
Fisch und Meeresfrüchte tiefgekühlt: kein Problem und oft logistisch kaum zu vermeiden. Aber man sollte wie bei frischem Fisch und Meeresfrüchten darauf achten, dass sie aus Bio-Aquakultur kommen und/oder das Siegel „MSC" (Marine Stewardship Council) tragen.

Wichtige Helfer für die schnelle Küche

Scharfes größeres Messer

Nur ein scharfes Messer ist ein gutes Messer. Es verhindert Unfälle, da man beim Schneiden weniger leicht abrutscht. Es quetscht das Schneidegut auch nicht. Und: Man kann damit sehr schnell schneiden. Ein gutes Messer sollte eine durchgehende Klinge haben, weil es dann besser in der Hand liegt. Billige Messer werden schnell stumpf und lassen sich auch nicht gut nachschärfen.

Kleines, scharfes Messer, gerade oder gebogen

Das sogenannte Officemesser mit kurzer Klinge schält und höhlt alles aus. Gebogene Küchenmesser eignen sich besonders zum Schälen von Zwiebeln und zum Entkernen von Obst, Tomaten etc. Officemesser mit gerader Klinge nimmt man, um Fleisch zu parieren, das heißt von Häuten, Sehnen und unerwünschtem Fett zu befreien.

Eieruhr

Gerade wenn vieles gleichzeitig abläuft wie bei unseren 45-Minuten-Menüs unverzichtbar!

Sparschäler

Die bewegliche Klinge ist zum schnellen Schälen und Schneiden von Obst und Gemüse ideal, gerade für Ungeübte. Es gibt sie in unterschiedlichen Ausführungen – auch mit gezackter, feststehender Klinge.

Zestenreißer

Damit reibt man in Windeseile die Schale von Zitronen, Orangen und Limonen und erhält kleine, feine Streifen (Zesten).

Kugelausstecher

Damit kann man Melonen aushöhlen oder aus Kartoffeln und anderem Gemüse und Obst blitzschnell Kugeln ausstechen. Sieht immer hübsch aus.

Handmixer

Wer Flüssigkeiten verquirlen, sämige Saucen oder Teige schlagen oder Eiweiß und Sahne steif schlagen will, braucht ihn. Oft gehört zum Zubehör auch ein Pürierstab oder ein Universalzerkleinerer („Blitzhacker"), mit dem Zwiebel, Nüsse, Kräuter und vieles mehr in Sekundenschnelle klein gehackt werden können.

Pürierstab

Wenn cremige Suppen oder ein Püree auf dem Programm stehen, kommt er blitzschnell zum Einsatz (viel schneller als eine teure und kompliziert zu reinigende Küchenmaschine!). Mit ihm kann man auch Nüsse oder Kräuter zerkleinern. Das Verquirlen von Saucen in engeren Gefäßen ist damit ebenfalls kein Problem. Man sollte darauf achten, dass der Stabmixer über mehrere Messer an der Klinge verfügt: Mindestens drei sollten es schon sein.

Wasserkocher

Um Kochwasser vorzukochen. Das geht viel schneller als mit dem E-Herd. Oder Sie erhitzen damit das Wasser, um Tomaten zu überbrühen und sie anschließend zu häuten. Je größer der Kocher, desto besser.

Salatschleuder

Nasser Salat verwässert jedes noch so tolle Dressing. Mit der Salatschleuder bekommt man nicht nur Rucola, Frisée und Co., sondern auch gewaschene frische Kräuter blitzschnell trocken.

Schnelle und praktische Kochtechniken

Zwiebeln würfeln

Für unsere Rezepte müssen Sie häufig Zwiebeln schneiden. So geht es schnell: Den Wurzelansatz stehen lassen, die Zwiebel halbieren. Jetzt dünne Scheiben schneiden, aber nicht durch-, sondern nur anschneiden, dann noch zwei- bis dreimal quer anschneiden, anschließend hauchfein würfeln. Um Tränen zu vermeiden, schauen Sie nicht direkt von oben auf das Gemüse.

(Wasser-)Kochen

Kochen Sie Wasser im Wasserkocher vor, das spart Kochzeit und teure Energie. Geben Sie das Kochgut immer erst ins kochende Wasser, so bleiben wertvolle Vitamine und Mineralstoffe sowie Biss und Farbe erhalten. Wichtig: Gemüse einmal kurz abschrecken, auch wenn Sie es sofort weiterverarbeiten wollen. Das erhält ebenfalls Inhaltsstoffe und vor allem die Farbe.

Richtig braten

Richtig und zügig zu braten ist gar nicht so einfach. Damit das Fleisch nicht zäh wird und das Gemüse nicht verbrennt, lassen Sie immer erst die Pfanne heiß werden, geben Sie dann das Öl oder die Butter dazu, und erst wenn das Fett heiß ist, das Bratgut. Beim Bratgut verschließen sich so die Poren, das Gemüse bleibt knackig und das Fleisch schön saftig.

Lauch putzen

Lauch ist oft sehr sandig und wegen seiner vielen Lagen etwas schwierig zu waschen. Am schnellsten geht es so: Die äußeren zwei Blätter sowie das dicke Grün entfernen. Dann die gesamte Lauchstange bis zur Wurzel längs anschneiden, sodass der Lauch noch zusammenhängt. Mit kaltem Wasser ausspülen und kopfüber leicht trocken schütteln.

Salat und Kräuter waschen und lagern

Den Salat in eine Schüssel mit kaltem Wasser geben, gründlich waschen. Wiederholen. In einer Salatschleuder vorsichtig trocken schleudern. Alles, was Sie nicht sofort verbrauchen, nicht ganz trocken schleudern und in kleinen Portionen in Gefrierbeutel geben. Diese an den Tüten-Enden festhalten und um die eigene Achse drehen, sodass ein wenig Luft in die Tüten gelangt. Hält sich so verschlossen bis zu drei Tage knackig frisch im Kühlschrank. Bei frischen Kräutern können Sie genauso verfahren, nur dass Sie diese zusätzlich locker in ein feuchtes Küchentuch einschlagen sollten. Petersilie, Schnittlauch oder frischen Koriander kann man, wenn man keinen Gefrierbeutel zur Hand hat, notfalls auch ein paar Tage in ein Glas Wasser stellen.

Gemüse und Obst in feine Streifen schneiden (Julienne)

Julienne ist eine Schneideart für Gemüse. Wer sie bei Wurzelgemüse wie Möhren anwendet, verkürzt ihre Garzeit. Die Möhre schälen, Enden abtrennen. Längs eine dünne Scheibe abschneiden, damit sie nicht wegrollt. So viele dünne Längsstreifen abschneiden, bis die Möhre komplett aufgeschnitten ist. Jetzt die Längsstreifen flach hinlegen und diagonal in dünne Streifen oder Stifte schneiden.

Anschwitzen

Hier wird bei hohen Temperaturen mit wenig Fett kurz gebraten – wobei das Bratgut ständig bewegt werden muss. Immer nur so viel Bratgut verwenden, dass es nicht übereinander liegt und zu viel Flüssigkeit auf einmal austritt. Denn dann würde es zu kochen beginnen und es würden sich keine Röstaromen entwickeln. Im Wok brät man genauso: Dabei zieht man das Bratgut bei großer Hitze durch den gewölbten Boden der Pfanne.

Frittieren

Wenn das Fett die richtige Temperatur hat, ist Frittieren eine schnelle und gesunde, weil schonende Zubereitungsart: Das heiße Fett umgibt das Gargut von allen Seiten, so wird die Wärme rasch übertragen. Steigen an einem Holzlöffel, den man in das Fett hält, Blasen hoch, ist die richtige Temperatur erreicht. Dann dringt das Fett nicht ins Bratgut ein, weil es vom dort entstehenden Wasserdampf verdrängt wird.

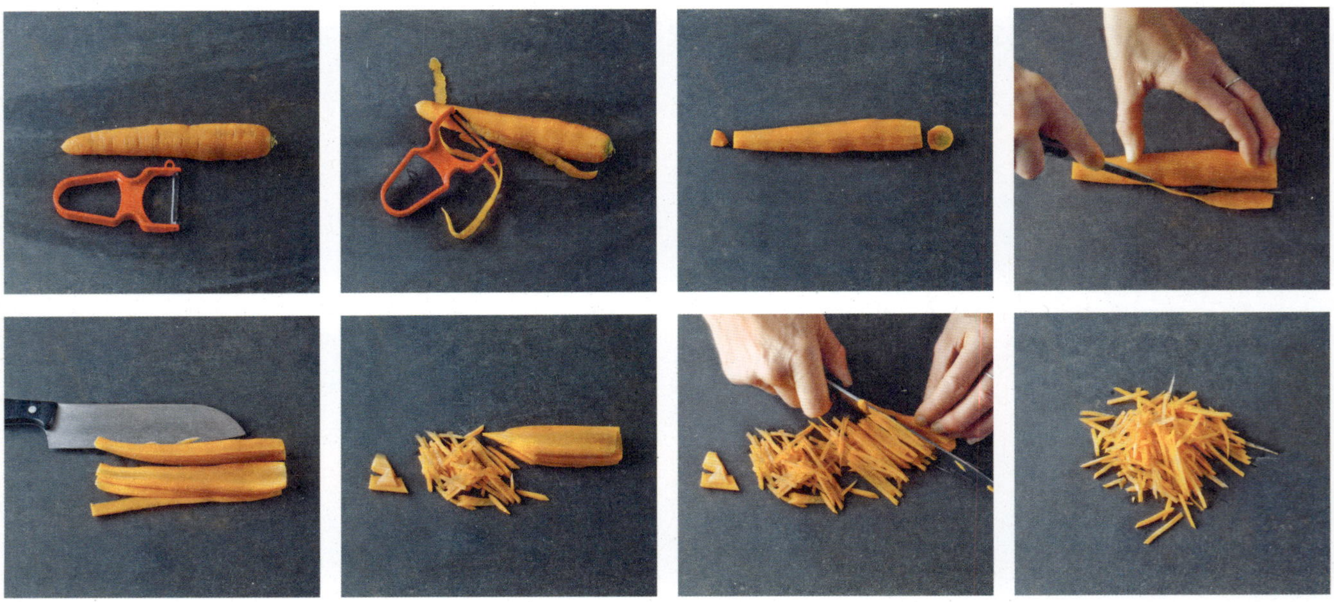

Knoblauch zu einem Mus quetschen

Knoblauch schälen und grob hacken. Eine große Prise Salz dazugeben und mit dem Messerrücken oder einer Gabel zu einem feinen Mus zerdrücken. Das Salz funktioniert als Schmiermittel, aber hinterher beim Würzen nicht vergessen, dass schon Salz dran ist. Die oft gepriesene Knoblauchpresse ist völlig überflüssig: Das Reinigen dauert viel zu lange. Schneller geht es ohne. Besonders bei frischem Knoblauch.

Dämpfen

Ideal für die schnelle, einfache und schmackhafte Küche. Man muss sich um nichts kümmern. Und anbrennen kann auch nichts. Die Lebensmittel liegen im Siebeinsatz eines Dämpfers, wobei der Boden mit Wasser bedeckt ist. Der Wasserdampf überträgt die Wärme. So kann Gemüse oder Fisch nicht auslaugen, weil es nicht direkt mit dem Wasser in Berührung kommt. Vitamine, Geschmack und Farbe bleiben optimal erhalten.

Druckgaren

Kochen oder Dämpfen bei rund 120 °C. Der Wasserdampf wird durch einen Deckel, der fest verschlossen ist, in einem speziellen Druckkochtopf zurückgehalten. Ein eingebautes Ventil regelt die Druckhöhe. Mit steigendem Druck steigt die Gartemperatur und verkürzt damit die Garzeit. Darum spricht man auch vom „Schnellkochtopf". Besonders geeignet für Hülsenfrüchte oder Kartoffeln, weil die sonst lange Garzeit stark verkürzt wird.

10 min.

10 Minuten | für 2 Personen

Bruschetta und Crostini

Herzhaft belegte Brotscheiben sind der Klassiker unter den Antipasti. Wir zeigen zwei mögliche Varianten. Unbedingt mit noch warmem Weißbrot servieren.

BRUSCHETTA

3 mittelgroße Strauchtomaten

1 Knoblauchzehe

Salz, Pfeffer

1 EL gutes Olivenöl

Zitronensaft

3 EL Basilikum, gehackt

2 Scheiben Weißbrot (oder 4 Scheiben Baguette)

CROSTINI MIT KAPERN

1 ½ EL Kapern

1 Sardellenfilet

3 EL glatte Petersilie, gehackt

1–2 EL Olivenöl

Pfeffer, Salz

2 Scheiben Weißbrot (oder 4 Scheiben Baguette)

Bruschetta
Die Tomaten halbieren, vierteln, entkernen und in kleine Würfel schneiden. Den Knoblauch schälen und mit etwas Salz zu einem Mus quetschen (siehe Seite 21). Zu den Tomatenwürfeln in eine Schüssel geben. Mit Salz, Pfeffer, Olivenöl und Zitronensaft abschmecken. Das Basilikum unterheben. Die Brotscheiben im Toaster knusprig braun rösten. Das Tomatengemüse darauf verteilen und sofort servieren.

Crostini mit Kapern
Die Kapern und das Sardellenfilet abspülen und trocken legen. Dann ganz fein hacken, mit der Petersilie und dem Olivenöl gut vermengen. Mit Pfeffer und eventuell Salz abschmecken. Die Brotscheiben im Toaster knusprig braun rösten, mit dem Kapern-Petersilien-Mix anrichten und sofort servieren.

10 Minuten | für 2 Personen

Karamellisierter Ziegenkäse auf Wildkräutern

Für diesen außergewöhnlichen Salat brauchen Sie Wildkräuter und essbare Blüten wie Löwenzahn, Gänseblümchen, Vergissmeinnicht, wilde Malve, Sauerampfer, Brunnenkresse oder wilde Rauke. Die Kräuter bekommen Sie im Frühjahr und Sommer im gut sortierten Supermarkt oder auf dem Wochenmarkt.

150 g schnittfester Ziegenkäse

1 Rosmarinzweig

1 Thymianzweig

2 TL Honig

70 g Wildkräuter-Salat-Mischung mit Blüten

1 Blutorange (oder normale Orange)

2 ½ EL Gemüsebrühe

1 EL milder Weißweinessig

Salz, Pfeffer

1 EL Haselnussöl (oder ein anderes aromatisches Öl)

1 EL neutrales Öl

Backofen auf 200 °C Ober- und Unterhitze vorheizen. Ziegenkäse in vier Scheiben schneiden und auf ein mit Backpapier ausgelegtes Backblech legen. Mit den Nadeln vom Rosmarin- und den Blättern vom Thymianzweig bestreuen und mit 1 ½ TL Honig beträufeln. Für etwa 6 Minuten in den heißen Backofen auf die zweite Schiene von oben schieben.

Den Wildkräutersalat waschen und trocken schleudern. Die Blutorange teilen. Eine Hälfte filetieren, aus der anderen Hälfte Saft gewinnen.

Brühe, Essig, ½ TL Honig, Salz und Pfeffer mit den Ölen zu einem Dressing verrühren. Mit etwas Blutorangensaft abschmecken. Dressing in eine große Schüssel geben und vorsichtig den Salat unter das Dressing heben.

Salat auf Teller geben, den Ziegenkäse obenauf legen und die Orangenfilets außen herum verteilen. Dazu können Sie frisches Weißbrot servieren.

10 Minuten | für 2 Personen

Fenchel-Orangen-Salat mit geräucherter Forelle

Fenchel und Fisch sind eine ideale Kombination. Anstelle der Orangen eignen sich auch Pampelmusen oder Grapefruits. Ein Mix aus all diesen Zitrusfrüchten passt ebenfalls hervorragend.

1 mittelgroße Fenchelknolle
1 Orange
1–2 EL Olivenöl
Salz, Pfeffer
5 getrocknete Tomaten (in Öl)
1 kleine Knoblauchzehe
1 EL Basilikum, grob gehackt
150 g geräucherte Forelle
Zitronensaft nach Belieben

Fenchelknolle waschen, Stiel entfernen, das Blattgrün aufsparen. Den Rest vierteln, den Strunk entfernen. Die Viertel in feine Streifen schneiden und in eine Schüssel geben.

Die Orange filetieren, den Saft dabei auffangen. Filets zum Fenchel geben. Aus Orangensaft, Olivenöl, Salz und Pfeffer ein leichtes Dressing mischen. Auch ein wenig Öl von den getrockneten Tomaten dazugeben.

Die Tomaten ganz klein würfeln. Die Knoblauchzehe schälen, in hauchfeine Scheiben schneiden und mit den Tomaten über den Fenchel und die Orangen verteilen.

Das Basilikum mit dem Grün der Fenchelknolle über den Salat streuen. Zum Schluss die Forelle in Stücke schneiden und dazugeben. Wer mag, kann noch ein paar Spritzer Zitronensaft über den Salat träufeln.

10 Minuten | für 2 Personen

Zuckerschotensalat an Tapenade

Tapenade ist eine aus Südfrankreich stammende Olivenpaste mit Anchovis und Kapern. Man kann sie schnell selbst herstellen. Sie passt prima zu kurz gebratenem Fleisch, Fisch oder Gemüse und gibt Suppen den letzten Schliff. Mit Öl bedeckt, hält sie einige Wochen in einem verschlossenen Glas im Kühlschrank.

200 g Zuckerschoten
¼ kleine rote Chilischote
5 getrocknete Tomaten (in Öl)
1 kleiner EL Petersilie, gehackt
1 kleiner EL Basilikum, gehackt
2 EL Olivenöl
100 g cremiger Schafskäse

TAPENADE

120 g schwarze entsteinte Oliven
2 EL Kapern
2 Anchovis
1 Knoblauchzehe
1–2 EL Olivenöl
Salz, Pfeffer

Zuckerschoten in 200 ml kochendem Salzwasser 2 Minuten blanchieren, danach unter fließendem Wasser eiskalt abschrecken.

Die Chilischote entkernen und in feine Ringe schneiden, die Tomaten klein hacken. Aus Chili, Tomaten, gehackten Kräutern und Öl eine Sauce für den Käse rühren.

Für die Tapenade Oliven, Kapern, Anchovis, Knoblauch und Olivenöl in ein hohes Gefäß geben und mit einem Pürierstab zu einer Creme pürieren – oder im Mörser zerreiben. Eventuell mit Salz und Pfeffer abschmecken.

Die Zuckerschoten auf einen großen Teller geben. Mit einem Kaffeelöffel die Tapenade in kleinen Häufchen auf den Zuckerschoten verteilen. Den Schafskäse grob klein schneiden, dazulegen und alles mit dem Kräuteröl beträufeln. Dazu passt frisches Brot.

10 Minuten | für 2 Personen

Tomaten-Thymian-Salat

Es gibt viele Arten von Tomatensalat. Dieser hier ist besonders lecker. Denn die getrockneten Tomaten machen ihn noch fruchtiger als sonst und durch den Friséesalat wird er wunderbar leicht.

300 g reife Kirschtomaten
1 rote Zwiebel
1 Knoblauchzehe
5 getrocknete Tomaten (in Öl)
50 g Friséesalat
1–2 EL Olivenöl
1 TL milder Weißweinessig
Salz, Pfeffer
1 TL frischer Thymian, gerebelt

Kirschtomaten waschen und halbieren, in eine flache Schüssel geben. Zwiebel und Knoblauch schälen und in ganz feine Ringe beziehungsweise Scheiben schneiden, dazugeben. Die getrockneten Tomaten in dünne Streifen schneiden und etwas vom Tomaten-Öl hinzufügen. Den Friséesalat waschen und zupfen. Auf den Tomaten verteilen.

Olivenöl und Essig über den Salat träufeln, mit Salz und Pfeffer würzen. Zum Schluss den Thymian unter den Salat heben, noch mal abschmecken. Dazu frisches Brot reichen.

Variationen Statt normalem Thymian geht auch Zitronenthymian oder ganz klassisch: frischer Basilikum.

10 Minuten | für 2 Personen

Selleriesalat mit Walnüssen

Tomino ist ein kräftiger Weichkäse aus dem Piemont, der leicht pfeffrig schmeckt und wunderbar mit dem Sellerie harmoniert. Ersatzweise geht auch Taleggio oder Provolone piccante – ebenfalls aus Norditalien.

100 g Stangensellerie

½ Apfel (vorzugsweise Granny Smith)

½ Zitrone

100 g Tomino-Käse

1 EL glatte Petersilie, gehackt

30 g Walnüsse

2–4 EL Olivenöl

Salz, Pfeffer

Stangensellerie waschen und in dünne Streifen schneiden. Den halben Apfel schälen, entkernen, fein würfeln und mit dem Sellerie in eine Schüssel geben. Alles mit etwas Zitronensaft beträufeln. Den Tomino-Käse würfeln und zusammen mit der Petersilie in die Schüssel geben.

Walnüsse hacken. Die eine Hälfte unter den Salat heben. Aus dem Öl und dem restlichen Saft der halben Zitrone ein Dressing rühren, die restlichen Walnüsse dazugeben und mit Salz und Pfeffer abschmecken. Über den Salat geben, ordentlich untermischen und nochmals abschmecken. Hierzu schmeckt frisches Schwarzbrot besonders gut.

10 Minuten | für 2 Personen

Pasta Peperonata

Peperonata, ein Schmorgericht aus Paprika, Tomaten und Zwiebeln, kommt aus Italien und passt zu Pasta, aber auch zu Gegrilltem oder zu Kartoffeln. Es hält sich drei bis vier Tage im Kühlschrank und schmeckt richtig durchgezogen am besten.

2 kleine Gemüsepaprika (rot und gelb)
1 rote Zwiebel
2 Knoblauchzehen
¼ kleine rote Chilischote
1–2 EL Olivenöl
Salz, Pfeffer, Zucker
250 g frische Tagliatelle
2 mittelgroße Fleischtomaten
1 EL Aceto balsamico
1 kleiner EL Butter
1 EL glatte Petersilie, gehackt
2 EL Basilikum, gehackt

Wasser in einem Wasserkocher vorkochen.

Paprika, Zwiebel, Knoblauchzehen und Chili in dünne Streifen schneiden und im Olivenöl 5 Minuten scharf anbraten. Mit Salz, Pfeffer und 1 Prise Zucker würzen. Dabei den Zucker leicht karamellisieren lassen, dann die Hitze wegnehmen.

Das heiße Wasser in einen großen Topf geben, ordentlich salzen und wieder zum Kochen bringen. Die Tagliatelle nach Packungsanleitung bissfest kochen. Zwischendurch mal probieren. Die Fleischtomaten in kleine Würfel schneiden.

Kurz bevor die Nudeln fertig sind, unter das Paprikagemüse wieder große Hitze geben und mit dem Aceto balsamico ablöschen. Die gewürfelten Tomaten und Butter dazugeben. Petersilie und Basilikum unter die Peperonata heben. Abschmecken.

Die Pasta abgießen, aber nicht zu sehr abtropfen lassen, unter die Peperonata heben, in eine große Schüssel geben und servieren.

Variation Wer will, kann über die Pasta noch ein paar schwarze Oliven und etwas zerbröselten Schafskäse verteilen.

10 Minuten | für 2 Personen

Couscous mit Kirschtomaten

Couscous ist ein Grundnahrungsmittel der nordafrikanischen Küche. Der Grieß besteht aus Weizen, Gerste oder Hirse. Man bekommt ihn in der Regel vorgegart und muss ihn dann nur noch kurz in heißem Wasser ziehen lassen. So ist er ruckzuck fertig.

180 g Couscous
150 g Kirschtomaten
3 EL glatte Petersilie
½ Limette
1 TL Zitronensaft
2–3 EL Olivenöl
Salz, Pfeffer, Zucker

Couscous je nach Packungsangaben etwa 5 Minuten in gekochtem Wasser quellen lassen.

Die Tomaten waschen, vierteln und unter den gequollenen Couscous heben. Die in feine Streifen geschnittene Petersilie hinzufügen. Aus dem Saft der halben Limette, dem Zitronensaft und dem Olivenöl ein Dressing rühren, mit Salz, Pfeffer und einer ordentlichen Prise Zucker abschmecken.

Variation Wer es gerne süß mag, nimmt 50 g Rosinen oder getrocknete Aprikosen, überbrüht sie mit kochendem Wasser, mischt sie anschließend klein gehackt unter den Couscous und schmeckt mit 1 EL gehackter Minze, Zimt und Kreuzkümmel, etwas geschmolzener Butter sowie einer Prise Salz ab.

10 Minuten | für 2 Personen

Spaghetti Aglio e Olio

Die schnellste Sauce der Welt. Die Zutaten hat man fast immer zu Hause. Ein Essen für alle Fälle.

350 g frische Spaghetti (oder Capellini)
4 Knoblauchzehen
2 EL Olivenöl
2 EL Butter
Salz, Pfeffer
6 EL Petersilie, gehackt
2 EL Basilikum, gehackt
Parmesan

Wasser im Wasserkocher vorkochen, in einen großen Nudeltopf geben, salzen. Spaghetti ins kochende Wasser geben und bissfest kochen.

In der Zwischenzeit Knoblauchzehen schälen und in hauchfeine Scheiben schneiden. In einer Pfanne Knoblauch in Olivenöl und Butter leicht braun anrösten, nicht zu dunkel werden lassen, sonst schmeckt er bitter. Mit Salz und Pfeffer kräftig würzen. Petersilie und Basilikum sowie eine kleine Kelle Nudelwasser dazugeben.

Die abgegossenen Nudeln sofort unter die Sauce mischen und mit gehobeltem Parmesan servieren.

10 Minuten | für 2 Personen

Gnocchi mit grünem Spargel

Das Raffinierte an diesem schlichten Gericht sind der Honig und die roten Zwiebeln. Sie bieten eine ganz besondere Geschmackskombination: würzig und leicht süß.

½ kleiner Kopf Radicchio
1 rote Zwiebel
1 Knoblauchzehe
180 g grüner Spargel
200 g Gnocchi
1–2 EL Olivenöl
Salz, Pfeffer
12 schwarze entsteinte Oliven
6 getrocknete Tomaten (in Öl)
1 TL Honig
1 EL Butter
Parmesan nach Belieben

Radicchio waschen und trocken schütteln. Zwiebel und Knoblauch schälen. Alles in feine Streifen schneiden. Beim gewaschenen Spargel großzügig die holzigen Enden entfernen (2 bis 3 cm), den Rest in dünne, schräge Stücke schneiden.

Die Gnocchi mit dem Olivenöl in einer heißen Pfanne für 3 bis 5 Minuten braun anbraten, mit Salz und Pfeffer würzen. Währenddessen die Oliven halbieren und die Tomaten klein würfeln. Die Gnocchi in eine Schüssel geben und zudecken.

In der Gnocchi-Pfanne Zwiebeln, Knoblauch und Spargel 2 bis 3 Minuten scharf anbraten. Mit Salz, Pfeffer und dem Honig würzen. Jetzt die Oliven, die Tomatenwürfel und die Butter dazugeben.

Die Gnocchi wieder in die Pfanne geben, gut durchschwenken und abschmecken. Radicchio unterheben. Nach Belieben mit gehobeltem Parmesan bestreuen und sofort servieren.

10 Minuten | für 2 Personen

Linguini mit Artischocken und Dill

Artischocken und Pasta: Okay, das hat man schon mal gehört. Aber Pasta mit Dill? Ja, unbedingt, denn Dill passt wunderbar zu Artischocken. Frische Artischocken zu verarbeiten ist sehr zeitaufwendig. Nehmen Sie daher die eingelegten. Die sind auch gut.

250 g frische Linguini
6 eingelegte Artischockenherzen
1 Schalotte
1 Knoblauchzehe
2 EL Olivenöl
5 getrocknete Tomaten (in Öl)
1 EL Butter
Salz, Pfeffer, Zucker
Zitronensaft
1–2 EL Dill, grob gehackt
4 EL Parmesan, gehobelt

Linguini in kochendem Salzwasser nach Packungsanleitung bissfest kochen.

Inzwischen die Artischockenherzen je nach Größe und Gusto ganz lassen, halbieren oder vierteln. Schalotte und Knoblauch schälen und klein hacken, in einer heißen Pfanne mit Olivenöl leicht braun rösten. Die Artischocken dazugeben und etwa 2 Minuten mitbraten. Die Tomaten würfeln und zusammen mit der Butter zu den Artischocken geben. Alles mit Salz, Pfeffer und einer Prise Zucker würzen, mit etwas Zitronensaft und dem Dill abschmecken.

Die Pasta abgießen, aber nicht völlig abtropfen lassen, ein Rest Kochwasser gibt der Sauce den letzten Schliff für die richtige Konsistenz. Eventuell noch etwas Butter dazugeben. Mit Parmesan bestreuen und sofort servieren.

10 Minuten | für 2 Personen

Tagliatelle mit Pfifferlingen

Statt Pfifferlingen können Sie auch Steinpilze oder andere aromatische Pilze nehmen. Pilze sollte man nur putzen, nicht abspülen, weil sie das Wasser wie einen Schwamm aufsaugen und dann Biss und Geschmack verlieren.

200 g frische Tagliatelle
2 rote Zwiebeln
1 Knoblauchzehe
1–2 EL Olivenöl
1 Thymianzweig
1 Rosmarinzweig
150 g Pfifferlinge, geputzt
5 getrocknete Tomaten (in Öl)
1–2 EL Butter
1 EL Kapern
Salz, Pfeffer

Tagliatelle in kochendes Salzwasser geben.

Zwiebeln und Knoblauch schälen und in feine Ringe beziehungsweise Scheiben schneiden. In einer großen Pfanne Olivenöl erhitzen, Zwiebeln, Knoblauch, Kräuterzweige und geputzte Pfifferlinge darin etwa 5 Minuten scharf anbraten.

Währenddessen Tomaten klein würfeln, zusammen mit der Butter und den abgespülten Kapern zu den Pfifferlingen geben, eventuell auch etwas Nudelwasser.

Sind die Nudeln bissfest, abgießen und unter die Pilze heben. Mit Salz und Pfeffer abschmecken.

10 Minuten | für 2 Personen

Matjestatar mit grünen Bohnen

Matjes nennt man junge Heringe, die von Ende Mai bis Anfang Juni in der Nordsee gefangen werden. Sie werden zum Reifen für etwa fünf Tage in Salzlake eingelegt. Niederländische Matjes schmecken milder als deutsche. Trotzdem nie wässern, das vertreibt den köstlichen Geschmack.

40 g tiefgekühlte grüne Bohnen
½ Apfel (z. B. Braeburn)
1 Schalotte
3 Matjesfilets
2 EL Petersilie, gehackt
1 kleiner EL Olivenöl
½ Zitrone
Pfeffer
4 Scheiben Schwarzbrot
1 EL Butter
1 Knoblauchzehe
2 Thymianzweige

Bohnen in etwa 200 ml kochendem Salzwasser 5 bis 7 Minuten knackig garen, dann eiskalt abschrecken.

Apfel und Schalotte schälen und hauchfein würfeln. Die Matjesfilets abspülen, trocknen und klein würfeln. Alles in eine Schüssel geben. Petersilie und Olivenöl dazugeben, mit dem Saft der halben Zitrone und Pfeffer abschmecken.

Brot im Toaster knusprig rösten. In einer Pfanne die Butter schmelzen, ganze geschälte Knoblauchzehe und Thymianzweige sowie Bohnen dazugeben. Kurz durchschwenken.

Das geröstete noch warme Brot in die Tellermitte legen, die Bohnen darauf arrangieren und je einen guten Esslöffel Matjestatar obendrauf geben.

10 Minuten | für 2 Personen

Lammlachs an Erbsenpüree

Schnell gemacht und sehr lecker. Statt des spanischen Manchego können Sie auch jeden anderen pikanten Berg- oder Hartkäse nehmen. Lammlachs ist ein sehr zartes Fleisch, das nicht lange gebraten werden muss, sondern im Inneren schön rosa bleiben sollte.

350 g Lammlachse
3 EL Olivenöl
2 Knoblauchzehen
3 Thymianzweige
Salz, Pfeffer
½ EL Aceto balsamico
80 ml Rotwein
½ rote Zwiebel
1 EL Butter
250 g tiefgekühlte junge Erbsen
50 ml Gemüsebrühe
70 g Manchego

Backofen auf 175 °C Ober- und Unterhitze vorheizen. Die parierten (von Fett und Sehnen befreiten) Lammlachse in einer heißen Pfanne mit 2 EL Olivenöl, 1 geschälten, ganzen Knoblauchzehe sowie den Thymianzweigen für etwa 2 Minuten von allen Seiten scharf anbraten. Salzen und pfeffern, mit Essig und Rotwein ablöschen. Etwa 1 Minute kochen lassen, dann in einer feuerfesten Form auf der mittleren Schiene im Ofen in circa 7 Minuten zu Ende garen.

Derweil die halbe Zwiebel und die zweite Knoblauchzehe schälen und in feine Scheiben schneiden, in der Butter und 1 EL Öl glasig anschwitzen. Die gefrorenen Erbsen dazugeben und kurz mit anschwitzen. Gemüsebrühe dazu und abgedeckt etwa 5 Minuten dünsten lassen.

Manchego fein reiben. Die gekochten Erbsen in ein hohes Gefäß geben und mit dem Pürierstab cremig mixen. Falls das Püree zu trocken wird, noch 1 bis 2 EL Gemüsebrühe unterrühren. Zum Schluss den Käse unterheben und mit Salz und Pfeffer abschmecken.

Lammlachse schräg in Stücke schneiden und mit dem Erbsenpüree servieren.

10 Minuten | für 2 Personen

Sesamhuhn an Kichererbsenpüree

Ein arabisch inspiriertes Essen. Tahinpaste, Kichererbsen und Sesamsaat bekommen Sie im türkischen oder asiatischen Lebensmittelgeschäft, manchmal auch im Supermarkt. Kaufen Sie ganzen Kreuzkümmel und mahlen Sie ihn selber im Mörser. So entfaltet er sein volles Aroma.

2 Schalotten

1 kleine Dose Kichererbsen (320 g Abtropfgewicht)

3–4 EL Olivenöl

Salz, Pfeffer

1 TL Kreuzkümmel (Cumin), frisch gemahlen oder gemörsert

60 g Sesamsaat

300 g Hühnerbrustfilet

1 EL Butter

2 Knoblauchzehen

60 g griechischer Joghurt (10 % Fett)

3 EL Tahin (Sesampaste)

2 Zitronen

1 EL Minze, gehackt

3 EL Petersilie, gehackt

Schalotten schälen und in Scheiben schneiden. Kichererbsen abgießen (dabei den Saft auffangen), mit 2 EL Olivenöl und den Schalotten in einen Topf geben und scharf anbraten. Mit Salz, Pfeffer und Kreuzkümmel würzen, beiseitestellen.

Den Sesam in einen Teller geben, Hühnerbrüste einmal längs halbieren und darin wenden, mit 1 bis 2 EL Olivenöl in einer großen Pfanne anbraten (jede Seite 2 bis 3 Minuten). Butter und den in Scheiben geschnittenen Knoblauch kurz vor dem Wenden dazugeben, mit Salz und Pfeffer würzen.

Joghurt und Sesampaste zu den Kichererbsen geben und gut unterrühren, einmal heiß werden lassen, nicht kochen. Dann die Hitze wegnehmen und fein pürieren. Gegebenenfalls noch etwas von dem Kichererbsensaft dazugeben. Mit dem Saft der Zitronen abschmecken. In der Tellermitte anrichten.

Das Huhn auf das Püree legen und mit Minze und Petersilie dekorieren. Wer mag, reicht noch etwas griechischen Joghurt dazu.

10 Minuten | für 2 Personen

Weißkohl und Hackfleisch mit frischer Pasta

Kohl und Pasta ist eine seltene, dafür aber umso reizvollere Kombination. Blitzschnell fertig wird dieses Gericht, wenn man frische Nudeln kauft, die brauchen nur wenige Minuten, bis sie al dente sind.

250 g frische Pasta (Penne oder andere kurze Nudeln)
200 g Weißkohl
1 Zwiebel
2 Knoblauchzehen
2–3 EL Olivenöl
250 g gemischtes Hackfleisch
Salz, Pfeffer, Zucker
100 ml Fleischbrühe
1 EL Petersilie, gehackt
4 EL Parmesan, fein gerieben

Wasser im Wasserkocher vorkochen und mit Salz in einen Topf geben. Darin Pasta al dente garen.

Den Weißkohl in hauchfeine Streifen schneiden, Zwiebel und Knoblauch schälen und klein schneiden.

In einer Pfanne 1 EL Olivenöl erhitzen und darin das Hackfleisch scharf anbraten. In einer zweiten Pfanne das restliche Olivenöl erhitzen und Zwiebel, Knoblauch und Weißkohl scharf anbraten. Dabei mehrfach umrühren. Der Kohl soll wie das Fleisch von allen Seiten schön knusprig braun gebraten sein. Alles mit Salz und Pfeffer würzen. Zum Kohlgemüse eine Prise Zucker geben.

Jetzt das Hackfleisch mit dem Kohlgemüse vermischen, gut durchschwenken und mit der Brühe ablöschen. Noch mal abschmecken, die Pasta unter das Hackfleisch-Kohlgemüse heben, mit der Petersilie und dem Parmesan bestreuen und sofort servieren.

10 Minuten | für 2 Personen

Frittierte Sesambananen

Ein asiatisch inspiriertes Dessert. Schmeckt pur oder mit Vanilleeis. Wenn Sie den Sesam kurz trocken anrösten, schmeckt er besonders nussig.

1 l Frittierfett oder neutrales Öl
½ Tüte Backpulver
125 g Mehl
½ Vanilleschote
2 EL Zucker
125 ml Milch
1 Ei
3 kleine Bananen
1–2 EL Sesamsamen
2 EL Puderzucker

Frittierfett oder neutrales Öl in einem Topf oder in einer tiefen Pfanne erhitzen. Die richtige Temperatur hat das Fett, wenn an einem hineingehaltenen Holzlöffel kleine Bläschen aufsteigen.

Backpulver mit Mehl vermischen. Vanilleschote längs aufschneiden, das Mark herauskratzen. Mark und Zucker vermischen. Milch und Ei ordentlich untermengen, es dürfen keine Klümpchen entstehen. Kurz ruhen lassen.

Die Bananen schälen und in 3 cm lange Stücke schneiden. Den Teig noch einmal kräftig durchrühren, nach und nach die Bananenstücke in den Teig geben, abtropfen lassen und dann mit einer Zange oder einem Schaumlöffel vorsichtig in das heiße Fett geben.

Backen Sie nicht zu viele Bananen auf einmal aus, sonst wird das Fett zu kalt und die Bananen werden nicht knusprig. Die Stücke etwa eine halbe Minute ausbacken, dann kurz auf Küchenpapier abtropfen lassen, anschließend sofort im Sesam wälzen und mit Puderzucker bestäuben.

10 Minuten | für 2 Personen

Cremige Beerenküsse

Mit diesem Dessert verteilen Sie sahnig-fruchtige Schokoküsse. Ein einfaches und schnell zubereitetes Gericht, das nicht nur Kinder begeistern wird.

180 g griechischer Joghurt (10 % Fett)

1 EL Zucker

3 große Schokoküsse

8 große Amarettini (alternativ 20 kleine)

130 g tiefgekühlte Beeren (angetaut)

Joghurt mit Zucker cremig rühren. Die Waffeln von den Schokoküssen entfernen und die Schokoküsse so mit dem Joghurt verrühren, dass sie leicht zerbrechen, aber noch gut sichtbar bleiben.

Die Hälfte der Joghurt-Küsse-Masse in eine Auflaufform geben, mit den zerbröselten Amarettini bestreuen. Die nur angetauten Beeren über die Masse verteilen, mit der restlichen Joghurt-Küsse-Masse bedecken und sofort servieren.

Variation Anstelle von Schokoküssen passt auch Baiser (etwa 25 g). Das brauchen Sie nur grob zerbröseln und unter die Creme heben.

15 min.

15 Minuten | für 4 Personen

Zucchinisuppe mit frischer Minze

Ein fixes Gericht, weil die Zucchini nur 10 Minuten köcheln müssen. Die erfrischende Kombination der beiden Hauptzutaten macht sie zu einer perfekten Sommersuppe.

500 g Zucchini
2 Schalotten
1 Knoblauchzehe
2 EL Olivenöl
Salz, Pfeffer, Zucker
500 ml Gemüsebrühe
6 EL Minze
50 g Pecorino, gerieben

Zucchini waschen, halbieren und in etwa 2 cm dicke Scheiben schneiden. Schalotten und Knoblauch schälen und grob hacken.

Öl in einem Topf erhitzen, Gemüse darin anbraten, mit Salz, Pfeffer und einer Prise Zucker würzen. Mit der Gemüsebrühe ablöschen und für etwa 10 Minuten bei geschlossenem Deckel köcheln lassen.

Die Minze waschen und trocken schütteln, in feine Streifen schneiden. Die Suppe pürieren und abschmecken. In Teller geben und mit der Minze und dem Käse bestreuen.

Variationen Wer es pikanter mag, brät eine entkernte und in feine Streifen geschnittene kleine Chilischote mit der Zucchini an. Exotischer wird die Suppe, wenn man sie mit etwas Ras el-Hanout würzt, einer marokkanische Würzmischung, die gut mit Minze harmoniert.

15 Minuten | für 2 Personen

Panzanella

Dieser florentinische Salat aus Brot und Tomaten wurde schon im 16. Jahrhundert vom Künstler Agnolo Bronzino besungen. Während traditionell altes Brot verwendet wird, empfehlen wir ein frisches Laugenbrötchen und fügen noch ein paar ungewöhnliche Zutaten hinzu.

180 g Büffelmozzarella
1 rote Zwiebel
2 Stangen Staudensellerie
1 Knoblauchzehe
15 Kirschtomaten
12 schwarze entsteinte Oliven
1 Limette
2 EL Basilikum
3 EL Olivenöl
Salz, Pfeffer
1 Laugenbrötchen
1 Handvoll Rucola

Mozzarella auf Küchenpapier trocken legen. Zwiebel, Staudensellerie und Knoblauchzehe in hauchfeine Scheiben schneiden, in eine Salatschüssel geben. Kirschtomaten halbieren und mit den Oliven dazugeben.

Limette auspressen, Basilikum grob zupfen. Alles mit 2 EL Olivenöl, Salz und Pfeffer vermischen. Über das Gemüse geben.

In einer Pfanne 1 EL Olivenöl erhitzen. Das Laugenbrötchen in mundgerechte Stücke reißen und ebenfalls in die Pfanne geben. Alles 3 bis 5 Minuten weiterbraten.

Derweil den Mozzarella in kleine Stücke reißen, Rucola waschen und beides unter den Salat heben. Das Brot mit Salz und Pfeffer würzen und in die Schüssel geben. Sofort servieren.

15 Minuten | für 2 Personen

Salat von grünen Bohnen und getrockneten Tomaten

Dieser köstliche Salat schmeckt sowohl kalt als auch lauwarm. Zusammen mit einem Matjestatar wird daraus eine mediterran-norddeutsche Mahlzeit.

600 g Prinzessbohnen (frisch oder tiefgekühlt)

3 Schalotten

2 Knoblauchzehen

10 getrocknete Tomaten (in Öl)

2 Thymianzweige

1 Zitrone

3 EL Olivenöl

1 EL Petersilie, gehackt

Salz, Pfeffer

Wasser im Wasserkocher vorkochen. Frische Bohnen putzen, tiefgekühlte antauen lassen. Wasser in einen Topf geben, salzen und Bohnen in etwa 10 Minuten garen. Eiskalt abschrecken und in eine Schüssel geben.

Schalotten und Knoblauch schälen und in feine Scheiben beziehungsweise Ringe schneiden. Getrocknete Tomaten in möglichst feine Streifen schneiden. Die Blätter der Thymianzweige von oben nach unten abstreifen. Zitrone auspressen. Alles mit Olivenöl vermischen, Petersilie hinzufügen und mit Salz und Pfeffer abschmecken. Unter die Bohnen heben, nochmals abschmecken.

Dazu passt ein einfaches norddeutsches Tatar von Matjes und Äpfeln: 3 Matjesfilets gründlich waschen, in kleine Würfel schneiden. 1 Apfel schälen, vierteln, entkernen und würfeln, zum Matjes geben. Mit Zitronensaft, Pfeffer und gehackter Petersilie verfeinern. Wer mag, nimmt noch klein gehackte Schalotten. Dazu geröstetes Schwarzbrot reichen.

15 Minuten | für 2 Personen

Avocado-Palmherzen-Salat mit Flusskrebsen

Palmherz nennt man das essbare Mark junger Triebe von Palmen. Palmherzen schmecken angenehm nussig und werden am besten roh verzehrt. Sie sind in Dosen oder Gläsern in größeren Supermärkten erhältlich. Als Ersatz dienen Artischockenböden.

1 reife Avocado
½ Zitrone
2 EL Pinienkerne
½ Kopf krause Endivie
½ Kopf Radicchio
180 g Palmherzen
1 TL Worcestersauce
Salz, Pfeffer
3–4 EL Olivenöl
140 g Flusskrebsschwänze

Die Avocado schälen, halbieren, entkernen und in dünne Scheiben schneiden. In eine Schüssel geben und mit etwas Zitronensaft beträufeln, damit sie nicht braun wird. Die Pinienkerne in einer Pfanne ohne Fett goldbraun rösten und zu den Avocados geben.

Endivie und Radicchio waschen, in feine Streifen schneiden und in die Schüssel geben. Die Palmherzen in Scheiben schneiden und dazugeben.

In einer kleinen Schüssel aus dem restlichen Zitronensaft, Worcestersauce, Salz, Pfeffer und Olivenöl ein Dressing rühren und unter den Salat heben. Noch mal mit Salz und Pfeffer abschmecken und mit den Flusskrebsschwänzen bestreut servieren.

Variation Statt Worcestersauce geht auch Sojasauce, davon aber etwas weniger als 1 TL verwenden.

15 Minuten | für 2 Personen

Fusilli mit geschmolzenen Tomaten

Fusilli sind gedrehte Spiralnudeln. Angeblich hat sie ein kleiner Junge im 16. Jahrhundert am Hofe der Medici in Florenz erfunden: Der Sohn des Pastakochs hatte heruntergefallenen Nudelteig um die Stricknadel seiner Großmutter gewickelt …

300 g Fusilli (oder andere kurze Nudeln)
5 große Tomaten (z. B. Roma)
1 große Schalotte
1 große Knoblauchzehe
1–2 EL Olivenöl
Salz, Pfeffer, Zucker
1 EL Weißweinessig
1–2 EL Butter
4 EL frischer Estragon (oder 2 EL getrockneter)
Parmesan

Fusilli im gesalzenen Nudelwasser bissfest kochen.

Tomaten über Kreuz einritzen, mit heißem Wasser überbrühen, Haut abziehen, klein würfeln. Schalotte fein würfeln, Knoblauchzehe in feine Scheiben schneiden. In einer großen Pfanne im Olivenöl zuerst die Schalotte, dann den Knoblauch anrösten. Tomaten dazugeben, mit Salz, Pfeffer und einer Prise Zucker würzen. Mit dem Weißweinessig ablöschen. Butter dazugeben und für 5 Minuten bei kleiner Hitze köcheln lassen. Abschmecken und eventuell nachwürzen.

Den Estragon waschen und in feine Streifen schneiden, unter die Tomaten mischen. Wenn die Sauce zu dickflüssig sein sollte, etwas Nudelwasser unter die Sauce ziehen. Die abgegossenen Nudeln in die Pfanne geben. Mit frisch geriebenem Parmesan bestreuen und servieren.

15 Minuten | für 2 Personen

Orientalischer Kichererbsensalat

Der für dieses Gericht wichtige Kreuzkümmel darf nicht mit dem in der deutschen Küche gern verwendeten Kümmel verwechselt werden. Das im Orient beliebte Gewürz am besten im Ganzen kaufen und nach Bedarf frisch im Mörser zerkleinern.

1 rote Paprika

1 rote Zwiebel

1 Knoblauchzehe

1–2 EL Olivenöl

Salz, Pfeffer, Zucker

2 TL Kreuzkümmel (Cumin)

1 kleine Dose Kichererbsen (320 g Abtropfgewicht)

1 Bio-Zitrone

1 TL Sesamöl

6 EL glatte Petersilie, gehackt

Paprika waschen, entkernen und in feine Streifen schneiden. Zwiebel und Knoblauch schälen und klein schneiden. Gemüse im Olivenöl für 5 Minuten scharf anbraten, dabei immer wieder umrühren. Mit Salz, Pfeffer, einer Prise Zucker sowie Kreuzkümmel würzen.

Inzwischen die Kichererbsen abspülen, abtropfen lassen und in eine Schüssel füllen. Das Paprikagemüse zu den Kichererbsen geben. Die Zitrone mit dem Zestenreißer schälen, dann etwas auspressen. 1 TL Zesten zum Salat geben, mit Sesamöl und etwas Zitronensaft abschmecken. Die gehackte Petersilie unter den Salat heben.

Variationen Wer gern Fleisch isst, brät etwa 140 g Lamm oder Rind in feinen Streifen mit viel Knoblauch in 1 bis 2 EL Olivenöl an, salzt und pfeffert es und hebt das Fleisch heiß aus der Pfanne unter den Salat. Wer Lust auf ein cremigeres Dressing hat, mischt noch 60 g griechischen Joghurt unter die Kichererbsen.

15 Minuten | für 2 Personen

Kartoffel-Pasta mit Genueser Pesto

Dieses Pastagericht schmeckt auch kalt. In Genua wird die typische Pasta Pesto Genovese mit Kartoffeln und Bohnen zubereitet. Ob man Pecorino (Käse aus Schafsmilch) oder Parmesan (Käse aus Kuhmilch) nimmt, ist Geschmackssache.

2 mittelgroße Kartoffeln
100 g grüne Bohnen
250 g Linguini
6 EL Basilikum, gehackt
1 Knoblauchzehe
Salz
3–4 EL Olivenöl
30 g Pecorino oder Parmesan

Wasser im Wasserkocher vorkochen. Kartoffeln schälen und in Stifte schneiden. Bohnen putzen. Bohnen und Kartoffeln zusammen mit den Nudeln etwa 10 Minuten in kochendem Salzwasser bissfest kochen.

Derweil Basilikum mit der geschälten Knoblauchzehe, einer Prise Salz und Olivenöl mit dem Stabmixer zu einem Pesto mixen. Pecorino oder Parmesan reiben und unterheben. Eventuell salzen. Mit den Nudeln vermischen und servieren.

15 Minuten | für 2 Personen

Pasta mit Spargel und Flusskrebsen

Grünen Spargel braucht man anders als weißen nicht zu schälen. Es genügt, den trockenen unteren Teil des Stiels großzügig abzuschneiden. Falls gerade keine Spargelsaison ist, ersetzen Sie den Spargel durch die gleiche Menge Zucchini.

200 g Orecchiette (Öhrchen-Nudeln)

300 g grüner Spargel

1 Schalotte

5 getrocknete Tomaten (in Öl)

1 Orange

1 EL Olivenöl

1 EL Butter

Salz, Pfeffer

120 g Flusskrebsschwänze

Die Orecchiette in kochendes Salzwasser geben und bissfest kochen.

Inzwischen vom Spargel den unteren Teil abschneiden (etwa 3 cm), den Rest schräg in dünne Scheiben schneiden. Die Schalotte schälen und klein würfeln. Getrocknete Tomaten würfeln. Die Orange schälen und filetieren. Saft auffangen.

In einer großen Pfanne Olivenöl und Butter schmelzen, den Spargel und die Schalotte 2 bis 3 Minuten scharf anbraten. Mit 80 bis 100 ml Orangensaft ablöschen, dann die Tomatenwürfel und etwas Öl dazugeben, mit Salz und Pfeffer abschmecken. Eventuell etwas von dem Nudelwasser unter die Sauce geben.

Wenn die Nudeln bissfest sind, abgießen, unter die Sauce heben und das Ganze gut durchschwenken. Zum Schluss die Flusskrebsschwänze und Orangenfilets dazu, noch einmal durchschwenken und sofort servieren.

15 Minuten | für 2 Personen

Scampi in Currysauce

Die Scampi werden in einer Brühe aus Möhren, Zwiebeln und frischen Kräutern gegart. Am schnellsten und einfachsten geht es mit tiefgekühlten, schon geschälten, aber möglichst noch rohen, Exemplaren. Dazu schmeckt frisches Weißbrot.

1 Möhre
½ Zwiebel
25 Thymianzweige
6 EL Petersilie
12 tiefgekühlte Scampi (angetaut)
1 Schalotte
2–3 EL Butter
1 TL Currypulver
100 ml trockener Weißwein
100 ml Sahne
Salz, Pfeffer
Zitronensaft

Wasser im Wasserkocher kochen. Möhre schälen und grob zerschneiden. Die halbe Zwiebel schälen, vierteln und mit den Kräutern in einen großen Topf geben. Mit dem gekochten Wasser auffüllen, bis alles großzügig bedeckt ist (und die Scampi später auch noch Platz im Wasser haben). Dann aufkochen. Anschließend die Scampi in den Topf geben, noch mal kurz aufkochen lassen. Dann ohne Hitze im heißen Wasser 5 Minuten ziehen lassen.

In der Zwischenzeit für die Sauce die Schalotte ganz fein würfeln und in einem kleinen Topf mit der Butter glasig anschwitzen, Currypulver und Weißwein dazugeben, auf die Hälfte reduzieren lassen.

Während die Sauce kocht, die Scampi aus dem Sud nehmen. Auf einem großen Teller anrichten. Jetzt die Sauce mit Sahne auffüllen, mit Salz und Pfeffer abschmecken. Die Scampi mit etwas Zitronensaft beträufeln und mit der heißen Sauce begießen.

15 Minuten | für 2 Personen

Penne Passe Pierre mit Zander

Passe Pierre ist eine wohlschmeckende Alge. Man bekommt sie von April bis Juni in jedem gut sortierten Fischgeschäft. Nur die Spitzen sind essbar. Sie werden ganz kurz ganz heiß gebraten und mit Fisch und Zitrone genossen. Außerhalb der Saison durch grünen Spargel oder Zucchini ersetzen.

180 g Penne

200 g Passe Pierre (Queller)

¼ kleine rote Chilischote

350 g Zander

1 EL Olivenöl

2–3 EL Butter

Salz, Pfeffer

Fischsauce

Zitronensaft

Penne in kochendes Salzwasser geben und bissfest kochen.

Von dem Passe Pierre die holzigen Enden abschneiden und kurz unter fließendem Wasser abspülen, zur Seite stellen. Chilischote entkernen und in Streifen schneiden.

Den Zander auf der Hautseite zwei-, dreimal leicht einschneiden und in einer großen Pfanne mit 1 EL Olivenöl und 1 EL Butter von beiden Seiten scharf anbraten. Mit Salz, Pfeffer, Chili und einigen Spritzern Fischsauce würzen. Den Fisch nach etwa 4 Minuten aus der Pfanne nehmen, auf einen Teller legen, mit Alufolie abdecken und in Herdnähe gar ziehen lassen.

Passe Pierre in die noch heiße Pfanne geben. Die Nudeln abgießen und sofort mit etwas Kochwasser in die Pfanne geben, kurz durchschwenken. 1 bis 2 EL Butter dazu, mit Fischsauce und Zitronensaft abschmecken. Zusammen mit dem Zander sofort servieren.

15 Minuten | für 2 Personen

Jakobsmuscheln auf marokkanischem Erbsenpüree

Frische Jakobsmuscheln sind immer geschlossen. Zum Öffnen die flache Schale nach oben legen, mit einem Messer an der oberen Schale entlangschneiden und die flache Seite hochklappen.

ca. 50 ml Gemüsebrühe
½ rote Zwiebel
2 Knoblauchzehen
3 EL Butter
2 EL Olivenöl
Salz, Pfeffer
1–2 TL Ras el-Hanout (Gewürzmischung)
300 g tiefgekühlte junge Erbsen
2 Scheiben Blutwurst
Mehl
4–6 Jakobsmuscheln
1 Rosmarinzweig

Gemüsebrühe erhitzen. Zwiebel schälen und hacken, zusammen mit 1 geschälten Knoblauchzehe in je 1 EL Butter und Olivenöl glasig anschwitzen, mit Salz, Pfeffer und Ras el-Hanout würzen. Tiefgefrorene Erbsen dazugeben, kurz mitanschwitzen, mit der Brühe ablöschen. 5 Minuten bei geschlossenem Deckel garen.

Blutwurst in etwas Mehl wenden, in einer heißen Pfanne mit 1 EL Butter anbraten, bei geringer Hitze weiterbraten lassen.

In einer weiteren Pfanne die Jakobsmuscheln mit 1 geschälten Knoblauchzehe, dem Rosmarinzweig und 1 EL Öl auf jeder Seite 1 bis 2 Minuten scharf anbraten, nach dem ersten Wenden noch 1 EL Butter dazugeben und leicht bräunen lassen.

Erbsen cremig pürieren. Eventuell etwas Brühe, Wasser oder Butter dazugeben. Jakobsmuscheln und Püree mit Salz und Pfeffer abschmecken. Püree auf der geöffneten Schale anrichten, darauf eine Scheibe Blutwurst und die Jakobsmuscheln setzen. Mit der braunen Butter beträufelt servieren.

15 Minuten | für 2 Personen

Spaghetti Carbonara

Verwenden Sie für eine Carbonara immer frische Eier, denn sie werden nicht vollständig gekocht. Pancetta ist ein sehr zarter italienischer Bauchspeck, der luftgetrocknet wird. Aber Sie können auch andere Bauchspecksorten nehmen.

250 g Spaghetti
100 g Pancetta
1–2 EL Butter
80 g Parmesan
2 Eier
Pfeffer
Muskat, frisch gerieben
2 EL glatte Petersilie, gehackt

Die Spaghetti in einem großen Topf mit reichlich Salzwasser al dente kochen. Derweil Pancetta würfeln und in einer Pfanne mit Butter anbraten.

Parmesan reiben. 2 Eier verquirlen und mit dem geriebenen Käse verrühren, anschließend mit Pfeffer und frisch geriebenem Muskat abschmecken.

Die Nudeln abgießen und zu dem Speck in die Pfanne geben, gut durchschwenken und von der Hitze nehmen. Die Ei-Käse-Mischung unter die Nudeln heben und ganz schnell vermengen. Achtung: Das Ei darf nicht stocken. Mit der Petersilie bestreuen und sofort servieren.

Variation Für eine Sahnesauce löschen Sie den angebratenen Pancetta mit 100 ml Sahne und lassen sie kurz reduzieren. Binden Sie die Sauce zum Schluss mit einem verquirlten Ei ab.

15 Minuten | für 2 Personen

Saltimbocca mit glasiertem Gemüse

Eine weltbekannte Spezialität der römischen Küche. Der Name leitet sich aus dem römischen Dialekt ab und bedeutet „Spring in den Mund“. Statt mit Gemüse kann man die würzigen Schnitzel auch nur mit Weißbrot servieren.

120 g Möhren
300 g Kartoffeln
180 g Zuckerschoten
4 dünne Kalbsschnitzel (je 100 g)
4–8 Scheiben Serrano-Schinken
8–10 frische Salbeiblätter
2–3 EL Butter
1–2 EL Olivenöl
Mehl
½ Zitrone
150 ml trockener Weißwein
Salz, Pfeffer
1 TL Zucker

Möhren und Kartoffeln schälen und in dünne Scheiben schneiden. In reichlich kochendem Salzwasser 10 Minuten blanchieren. Bei den Zuckerschoten die Enden knapp abschneiden, waschen und nach 8 Minuten zu den Kartoffeln und Möhren geben. Gemüse abgießen und abschrecken.

Die Kalbsschnitzel mit je einer Scheibe Serrano-Schinken sowie einem frischen Salbeiblatt belegen und mit einem Zahnstocher fixieren. In einer Pfanne jeweils 1 EL Butter und Olivenöl erhitzen. Die Schnitzel mit etwas Mehl bestäuben und auf jeder Seite 3 Minuten knusprig braun braten. Danach mit dem Saft der halben Zitrone und dem Wein ablöschen, mit Salz und Pfeffer würzen. Die Flüssigkeit reduzieren lassen.

In einer weiteren Pfanne 1 EL Olivenöl und 1 bis 2 EL Butter erhitzen, das Gemüse darin leicht anschwitzen. Mit Salz und Pfeffer würzen. Zucker darübergeben und glasieren lassen.

Das Gemüse in eine vorgewärmte Schüssel und die Schnitzel auf eine vorgewärmte Platte geben. Sofort servieren!

Variationen Das Kalbsfleisch kann durch Hühnerbrust, Salbei durch frische Lorbeerblätter ersetzt werden.

15 Minuten | für 2 Personen

Pappardelle mit Huhn in Zitronensauce

Pappardelle sind sehr breite italienische Bandnudeln, die sich besonders gut für „flüssige" Saucen eignen. Die Zitrone gibt der Sahnesauce eine angenehme Frische.

200 g Pappardelle
1 große Schalotte
250 g Hühnerbrust
1–2 EL Olivenöl
Salz, Pfeffer, Zucker
1 EL milder Weißweinessig
200 ml Sahne
1 Bio-Zitrone
2 EL glatte Petersilie, gehackt

Die Nudeln in kochendes Salzwasser geben und al dente kochen.

Schalotte schälen und in dünne Scheiben schneiden. Hühnerbrust abspülen und trocken tupfen, in circa 0,5 cm breite Streifen schneiden. Zusammen mit der Schalotte in einer großen Pfanne im Olivenöl scharf anbraten, mit Salz, Pfeffer und einer Prise Zucker würzen, dann mit Weißweinessig ablöschen und mit der Sahne auffüllen. 5 Minuten reduzieren lassen.

Von der Zitrone mit dem Zestenreißer ½ TL Schale abziehen und mit der Petersilie zur Sauce geben, eventuell eine kleine Kelle Nudelwasser dazu, wenn die Sauce zu dickflüssig ist. Die Nudeln unter die Sauce heben und servieren.

15 Minuten | für 2 Personen

Bœuff Stroganoff

Der Klassiker der französischen Küche wurde erstmals von Auguste Escoffier 1903 beschrieben, benannt ist er nach einer russischen Adelsfamilie. Braten Sie alles in kleinen Mengen an. Während des Bratens sollte immer ein Drittel des Pfannenbodens zu sehen sein. Dazu passen Weißbrot, Spätzle oder Kartoffelrösti.

70 g Cornichons aus dem Glas
150 g frische Champignons
1 große Zwiebel
300 g Rinderfiletspitzen (oder Rumpsteak)
Mehl
2–3 EL Butterschmalz
80 ml saure Sahne
100 ml Schlagsahne
1 TL scharfer Senf (z. B. Dijon)
Salz, Pfeffer
1 TL Zitronensaft
3 eingelegte Rote-Bete-Kugeln
6 EL glatte Petersilie, gehackt

Cornichons in dünne Scheiben schneiden. Champignons abreiben (nicht waschen) und in Scheiben schneiden. Zwiebel schälen und würfeln.

Das Fleisch in dünne Streifen schneiden. Im Mehl leicht wenden und mit 1 EL Butterschmalz in einer sehr heißen Pfanne portionsweise etwa 2 Minuten von allen Seiten scharf anbraten. Das angebratene Fleisch in einer Schüssel in der Nähe vom Herd warm stellen.

In der gleichen Pfanne mit einem weiteren EL Butterschmalz die Champignons, Zwiebeln und Cornichons etwa 3 bis 5 Minuten scharf anbraten, mit saurer und süßer Sahne ablöschen, den Senf einrühren, mit Salz und Pfeffer würzen. Das Fleisch dazugeben, kurz heiß werden lassen, aber nicht mehr kochen. Zitronensaft je nach gewünschter Säure dazugeben. Die Hitze wegnehmen.

Die Rote Bete in kleine Würfel schneiden und wie die gehackte Petersilie getrennt servieren.

15 Minuten | für 2 Personen

Erdbeer-Rhabarber-Kompott mit Quark

So schmeckt der Sommer! Schlagen Sie Magerquark mit etwas Zucker und einem Mixer auf höchster Stufe und er wird wunderbar sahnig-cremig.

100 ml Wasser
100 g Zucker
1 Streifen Schale einer Bio-Zitrone
1 Vanilleschote
850 g Rhabarber
250 g Erdbeeren
500 g Magerquark
4 EL Zucker

Das Wasser mit 100 g Zucker, Zitronenschale und der aufgeschnittenen Vanilleschote aufkochen lassen, dann von der Hitze nehmen. Rhabarber waschen und schälen, in 2 bis 3 cm große Stücke schneiden. Das Zucker-Wasser-Gemisch noch mal zum Kochen bringen, Vanilleschote entfernen und Rhabarber dazugeben, aufkochen lassen und den Rhabarber in etwa 7 Minuten knackig kochen.

Inzwischen die Erdbeeren waschen, halbieren, große Früchte vierteln. Quark und 4 EL Zucker mit einem Mixer auf höchster Stufe cremig schlagen (das kann einige Minuten dauern).

Sobald der Rhabarber gar ist, die geschnittenen Erdbeeren dazugeben und sofort von der Hitze nehmen. Den Quark in Gläser füllen und mit dem Kompott bedecken.

15 Minuten | für 2 Personen

Honigbananen aus dem Ofen

Je reifer die Bananen sind, desto besser gelingt dieser nahrhafte Nachtisch. Also ruhig welche mit schwarzen Stellen auf der Schale nehmen. Für Kinder den Rum weglassen und ein wenig mehr Orangensaft hinzufügen. Am besten serviert man dazu erfrischendes Vanilleeis.

3 reife kleine Bananen
2 EL Cashewkerne
2 EL gesalzene Erdnüsse
2 EL Kokosflocken
15 ml Rum
50 ml Orangensaft
2 EL Honig
Vanilleeis

Den Backofen auf 180 °C Ober- und Unterhitze vorheizen. Die Bananen schälen, halbieren und in eine feuerfeste Auflaufform geben. Cashewkerne hacken. Die Bananen mit den Cashewkernen, den Erdnüssen und den Kokosflocken bestreuen, mit Rum, Orangensaft und Honig übergießen und für 10 bis 15 Minuten backen. Das Ganze mit Vanilleeis reichen.

20 min.

20 Minuten | für 4 Personen

Artischockencremesuppe mit Serrano

Artischocken gibt es kochfertig im Glas oder in der Dose Sie schmecken fast so gut wie frische, sind aber bedeutend schneller zubereitet. Serrano ist ein exquisiter luftgetrockneter Schinken aus Spanien. Sie können auch einen anderen Rohschinken nehmen.

3 EL Butter
1 Zwiebel
1 Stange Staudensellerie
350 g Kartoffeln
400 g eingelegte Artischocken
1 l Hühnerbrühe
Salz, Pfeffer
1 Eigelb
100 g Serrano-Schinken
100 g Parmesan, gerieben

In einem Topf 2 EL Butter erhitzen. Zwiebel und Sellerie in feine Ringe schneiden und glasig anschwitzen.

Inzwischen die Kartoffeln schälen und in kleine Würfel schneiden. Artischocken in ein Sieb geben, abtropfen lassen und klein schneiden. Beides zum Gemüse in den Topf geben. Mit der Brühe auffüllen, pfeffern und je nach Geschmack salzen. In etwa 15 Minuten gar kochen.

Währenddessen das Eigelb mit der restlichen Butter vermischen und den Serrano in feine Streifen schneiden.

Die Suppe mit dem Stabmixer ganz fein pürieren und noch mal abschmecken. Die Eigelb-Butter-Mischung mit einem Schneebesen zügig unter die Suppe arbeiten. Zum Servieren in Teller geben, Parmesan und Serrano-Streifen darüberstreuen.

20 Minuten | für 4 Personen

Möhrensuppe mit Gambas

Gambas ist der spanische Begriff für Riesengarnelen, eine ideale Begleitung für unsere leicht süße Suppe. Nehmen Sie möglichst frische Exemplare mit Schale. Das Schälen kostet Sie zwar ein paar Minuten mehr, dafür winkt am Ende ein herrlich knuspriges Ergebnis.

400 g Möhren
250 g Kartoffeln
25 g frischer Ingwer
1 Zwiebel
1 Knoblauchzehe
3 EL Olivenöl
Pfeffer, Zucker
300 ml Kokosmilch
600 ml Gemüsebrühe
8 Gambas (Riesengarnelen), roh, ohne Kopf
Salz

Möhren, Kartoffeln, Ingwer, Zwiebel und Knoblauch schälen und in 2 x 2 cm große Stücke schneiden. Alles in einem Topf in 2 EL Olivenöl 2 Minuten anbraten, mit einer Prise Pfeffer und Zucker würzen, mit Kokosmilch ablöschen und mit Gemüsebrühe auffüllen. 15 Minuten bei leicht schräg aufgesetztem Deckel köcheln lassen.

Inzwischen Gambas schälen, den Rücken leicht einschneiden und mit einem Messer den Darm entfernen. Jeweils 2 Gambas auf einen Cocktailspieß stecken. Wenn die Suppe fast gar ist, eine Pfanne mit 1 EL Olivenöl erhitzen und die Spieße darin von jeder Seite 1 bis 2 Minuten scharf anbraten, mit Salz und Pfeffer würzen.

Die Suppe mit dem Stabmixer fein pürieren, mit Salz und Pfeffer abschmecken. In Schüsseln geben und die Spieße darüberlegen.

Variation Würzen Sie die Suppe mit ein paar Tropfen Sesamöl und wälzen Sie die Gambas vor dem Anbraten in ungerösteter Sesamsaat. Das unterstreicht ihren leicht nussigen, süßen Geschmack.

20 Minuten | für 2 Personen

Crêpes mit Ziegenfrischkäse und frischem Apfelkompott

Der herzhafte Ziegenfrischkäse harmoniert super mit den süßen, frischen Äpfeln. Sie können aber auch auf normalen Frischkäse zurückgreifen. Mit Heidelbeeren, Himbeeren oder Erdbeeren ebenfalls ein Genuss.

CRÊPES

125 g Weizenmehl

50 g Zucker

1 Prise Salz

2 Eier

150 ml Milch

100 ml Mineralwasser mit Kohlensäure

1 EL neutrales Öl

300 g Ziegenfrischkäse

1 EL Zucker

2 EL Milch

KOMPOTT

2 EL Zitronensaft

1 EL Honig

1 EL Walnussöl

2 mittelgroße grüne Äpfel (z. B. Granny Smith)

Backofen auf 150 °C Ober- und Unterhitze vorheizen. Mehl mit Zucker und Salz vermengen, Eier einzeln mit einem Schneebesen in das Mehl einrühren. Nach und nach Milch und Mineralwasser unterarbeiten. So lange rühren, bis keine Klümpchen mehr zu sehen sind. Den Teig kurz ruhen lassen.

Für das Kompott Zitronensaft mit Honig verrühren und mit Walnussöl vorsichtig zu einem glatten Dressing mischen. Äpfel waschen, abreiben, vierteln, entkernen und in hauchdünne Spalten schneiden. Unter das Dressing heben und kurz ruhen lassen.

Eine beschichtete Pfanne mit einem in neutralem Öl getränktem Küchenpapier einfetten und erhitzen. Den Teig durchrühren und etwa eine halbvolle Suppenkelle in die Pfanne laufen lassen, dabei die Pfanne leicht schräg halten und schwenken, damit sich der Teig gleichmäßig verteilt. Nach 1 ½ Minuten den Crêpe mit einem Pfannenwender umdrehen und in etwa 1 Minute fertig garen. Crêpe im Backofen warm stellen. Pfanne wieder einölen und nächsten Crêpe backen.

Ziegenfrischkäse mit 1 EL Zucker und 2 EL Milch verrühren. Crêpes auf Teller geben, mit einem nassen Löffel eine Hälfte dünn mit dem Ziegenfrischkäse bestreichen, zuklappen und zu einem Dreieck falten. Mit Apfelkompott belegen und servieren.

20 Minuten | für 2 Personen

Provenzalische Kartoffeln mit Tomaten und Quark

Die vielseitigen Kartoffeln passen nicht nur zu Tomaten und Quark, sondern auch zu einem Salat oder als Beilage zur Käseplatte. Oder wie wäre es mit einem saftigen Steak?

KARTOFFELN

600 g festkochende Kartoffeln

2 EL Olivenöl

Salz, Pfeffer

1–2 EL weiche Butter

1 Prise Safran

1 Thymianzweig

2 EL glatte Petersilie, gehackt

TOMATEN UND QUARK

1 große Fleischtomate

6 EL Basilikum, gehackt

1 EL Olivenöl

Salz, Pfeffer, Zucker

200 g Magerquark (20 % Fett i. Tr.)

100 g Quark (45 % Fett i. Tr.)

½ Bio-Zitrone

Kartoffeln waschen, schälen und klein würfeln (etwa 1 x 1 cm). 2 EL Olivenöl in einer Pfanne erhitzen, Kartoffeln scharf anbraten, bei reduzierter Hitze etwa 15 Minuten weiterbraten. Mit Salz und Pfeffer würzen.

Tomaten halbieren, vierteln, entkernen und in feine Würfel schneiden. Basilikum unter die Tomatenwürfel mischen. Mit 1 EL Olivenöl, Salz, Pfeffer und einer Prise Zucker abschmecken.

Quark in eine Schüssel geben und mit einem Mixer mindestens 3 Minuten auf höchster Stufe cremig schlagen, mit Salz, Pfeffer, Zucker sowie Zitronensaft und fein geriebener Zitronenschale abschmecken.

Für die Kartoffeln die weiche Butter mit dem Safran glatt rühren. Die Blätter vom Thymianzweig abziehen und hacken. Die Kartoffeln mit einem Schaumlöffel aus der Pfanne nehmen, kurz auf Küchenpapier abtropfen lassen, in eine Schüssel füllen und mit den Kräutern bestreuen. Die Safranbutter in Flocken darauf zergehen lassen. Mit Quark und Tomaten servieren.

20 Minuten | für 2 Personen

Hühnerbrust mit nussigem Spitzkohl und Koriander-Kartoffeln

Ein asiatisch inspiriertes Sommergericht. Spitzkohl ist die zarte Version des Weißkohls und hat im Frühjahr und Sommer Saison. Sweet Chili Sauce bekommen Sie in jedem Supermarkt, frischen Koriander auf alle Fälle im Asiashop.

600 g Kartoffeln
2 EL Olivenöl
2 Hühnerbrustfilets (je 200 g)
Salz, Pfeffer
1 kleiner Spitzkohl (ca. 500 g)
1 Schalotte
1 Knoblauchzehe
70 g gesalzene Erdnüsse, gehackt
3 EL Sweet Chili Sauce
70 ml Gemüsebrühe
2 EL frischer Koriander, gehackt
1 EL Butter

Backofen auf 180 °C Ober- und Unterhitze vorheizen, Wasser für die Kartoffeln aufsetzen.

Kartoffeln schälen, in Salzwasser etwa 15 Minuten kochen. 1 EL Olivenöl in einer Pfanne erhitzen und die Hühnerbrüste auf jeder Seite 3 bis 5 Minuten scharf anbraten, salzen und pfeffern, in den heißen Backofen geben und für 8 bis 10 Minuten garen.

Den Spitzkohl waschen, die äußeren Blätter entfernen, den Rest in sehr feine Streifen schneiden. Schalotte klein hacken, Knoblauchzehe in feine Scheiben schneiden, beides in 1 EL Olivenöl scharf anbraten. Erdnüsse dazugeben, kurz rösten, mit Sweet Chili Sauce und Gemüsebrühe ablöschen. Mit Salz und Pfeffer abschmecken.

Kartoffeln abgießen, die Butter sowie den Koriander vorsichtig untermengen. Die Hühnerbrüste aus dem Ofen nehmen und den beim Braten entstandenen Saft zum Spitzkohl geben. Alles zusammen servieren.

20 Minuten | für 2 Personen

Heilbutt auf Currylinsen

Linsen sind die am besten zu verdauenden Hülsenfrüchte und dazu wahre Nährstoff-Bomben, ihr Proteingehalt wird nur noch von Sojabohnen übertroffen. Kleine Linsen wie Le Puy oder Pardina müssen nicht eingeweicht werden, sie sind nach wenigen Minuten gar gekocht.

120 g kleine Linsen (Le Puy oder Pardina)
2 Thymianzweige
2 Rosmarinzweige
1 ½ Zwiebeln
1 Möhre
¼ Sellerieknolle
400 g Heilbuttfilet mit Haut (oder Filet eines anderen Weißfischs)
Mehl
2 EL Olivenöl
1 EL Butter
1 TL Currypulver
Salz, Pfeffer, Zucker
200 ml Sahne
Zitronensaft

Backofen auf 150 °C Ober- und Unterhitze vorheizen. Wasser zum Kochen bringen, darin die Linsen mit 1 Thymianzweig, 1 Rosmarinzweig und einer halben, geschälten Zwiebel 10 bis 15 Minuten gar kochen (Packungsangabe beachten).

In der Zwischenzeit Möhre, Sellerie und 1 Zwiebel schälen, in kleine Würfel schneiden, beiseitestellen.

Heilbuttfilet in zwei gleich große Stücke teilen, die Haut zwei- bis dreimal vorsichtig einschneiden, Hautseite in etwas Mehl wenden. 1 EL Olivenöl in einer ofentauglichen Pfanne erhitzen, Filet auf der Hautseite etwa 5 Minuten anbraten. 1 Rosmarin- und 1 Thymianzweig dazugeben.

Während der Fisch brät, in einer weiteren Pfanne in 1 EL Olivenöl und 1 EL Butter das kleingeschnittene Gemüse scharf anbraten und mit Currypulver sowie Salz, Pfeffer und einer Prise Zucker würzen. Hitze reduzieren.

Den Fisch in der Pfanne wenden und die Pfanne in den vorgeheizten Backofen stellen. Dort noch ein paar Minuten ziehen lassen, bis die Linsen und das Gemüse fertig sind. Die Linsen abgießen und abspülen, ohne Kräuter zum Gemüse geben, durchschwenken und Sahne hinzufügen. Mit einigen Spritzern Zitronensaft sowie Salz und Pfeffer abschmecken. Den Fisch erst jetzt, kurz vor dem Servieren, mit Salz und Pfeffer würzen.

20 Minuten | für 2 Personen

Rotbarben mit Zitronenthymian-Bohnen

Greifen Sie auf Bohnen aus dem Glas oder der Dose zurück, Sie sparen sich lange Einweichzeiten. Zitronenthymian ist eine nach Zitronen schmeckende Thymianart. Ersetzen Sie ihn notfalls mit normalem Thymian und einem halben Teelöffel Zitronenzesten.

1 kleine Dose weiße Bohnen (170 g Abtropfgewicht)

1 große Schalotte

1 Knoblauchzehe

2–3 mittelgroße Tomaten

2 EL Olivenöl

2 EL Butter

1 kleine Handvoll Zitronenthymian-Zweige

2 große oder 4 kleine Rotbarbenfilets

Mehl

Salz, Pfeffer

1 EL Petersilie, gehackt

Zitronensaft

Wasser im Wasserkocher vorkochen. Bohnen abspülen und abtropfen lassen. Schalotte und Knoblauch schälen und klein schneiden. Die Tomaten über Kreuz einritzen, mit kochendem Wasser überbrühen, Haut abziehen und klein würfeln.

1 EL Olivenöl und 1 EL Butter in einer Pfanne erhitzen, Schalotte, Knoblauch, Tomatenwürfel und Zitronenthymian darin anschwitzen. Die abgetropften Bohnen dazugeben und für etwa 10 Minuten bei kleiner Hitze köcheln lassen.

In der Zwischenzeit die Haut der Rotbarbenfilets mit einem Messer zwei- bis dreimal einritzen und die Fische in etwas Mehl wenden, in einer weiteren Pfanne 1 EL Olivenöl erhitzen und die Rotbarben darin auf der Hautseite etwa 4 Minuten knusprig anbraten, mit Salz und Pfeffer würzen. Dann die Rotbarben umdrehen, 1 EL Butter dazugeben und in etwa 2 Minuten zu Ende braten.

Die Petersilie unter das Bohnen-Tomaten-Gemüse geben, mit einigen Spritzern Zitronensaft sowie Salz und Pfeffer abschmecken. Das Bohnengemüse in die Tellermitte geben und mit den Rotbarbenfilets belegen.

20 Minuten | für 2 Personen

Hühnerrouladen an Speckbohnen

Dieses Gericht funktioniert in dieser Kürze nur mit Huhn. Rindsrouladen müssen länger schmoren. Besonders kleine Kartoffeln wie Drillinge braucht man nicht zu schälen, und sie passen, schön herzhaft wie sie sind, prima zu Speck und Bohnen.

400 g kleine festkochende (Früh-)Kartoffeln

300 g Hühnerbrustfilet

1 EL Kapern

2 in Salz eingelegten Sardellen (entgrätet und abgespült)

2 Schalotten

2 EL Olivenöl

2 EL Butter

Salz, Pfeffer

150 ml Weißwein

300 g tiefgekühlte Prinzessbohnen

1 Knoblauchzehe

2 Thymianzweige

50 g magere Speckwürfel

Wasser im Wasserkocher vorkochen, auf zwei Töpfe verteilen und salzen. Kartoffeln ordentlich waschen und in einem der Töpfe mit Schale etwa 15 Minuten kochen.

Die Hühnerbrust längs halbieren und mit einem Fleischklopfer leicht plattieren. Kapern und Sardellen auf dem Fleisch verteilen, aufrollen und mit einem Zahnstocher fixieren.

Schalotten schälen und in kleine Würfel schneiden. Je 1 EL Olivenöl und Butter in einer Pfanne mit Deckel erhitzen, die Hälfte der Schalotten darin 2 Minuten glasig anschwitzen, die Hitze erhöhen und die Rouladen dazugeben, rundherum bräunen, mit Salz und Pfeffer würzen sowie dem Weißwein ablöschen. Einen Deckel auflegen und für etwa weitere 15 Minuten leicht köcheln lassen.

Die Bohnen in reichlich Salzwasser in 7 bis 10 Minuten bissfest kochen. Knoblauch schälen und in feine Scheiben schneiden. Die Blätter der Thymianzweige abstreifen. In einer Pfanne 1 EL Olivenöl und 1 EL Butter schmelzen, Knoblauch und die zweite Hälfte der Schalotten darin 2 Minuten scharf anbraten, Speckwürfel, Thymian und die abgegossenen Bohnen dazugeben. Mit Salz und Pfeffer abschmecken. Die Kartoffeln abgießen und alles anrichten.

20 Minuten | für 2 Personen

Kalbskotelett auf Oliven-Kartoffelpüree

Für ein Püree immer mehligkochende Kartoffeln nehmen, das ist wichtig für die richtige Konsistenz. Und niemals pürieren, sondern stampfen oder mixen. Dann wird das Püree wunderbar cremig.

500 g mehligkochende Kartoffeln
12 schwarze entsteinte Oliven
10 getrocknete Tomaten (in Öl)
2 Kalbskoteletts (je 200 g, 2 cm dick)
5 EL Olivenöl
3 Thymianzweige
3 Rosmarinzweige
2 EL Öl von den getrockneten Tomaten
150 ml Milch
Salz, Pfeffer

Wasser im Wasserkocher vorkochen. Die Kartoffeln schälen, klein schneiden und in Salzwasser etwa 15 Minuten gar kochen. Oliven und getrocknete Tomaten in feine Würfel schneiden.

Die Fettränder der Koteletts einschneiden. In einer großen Pfanne 2 EL Olivenöl erhitzen. Die Koteletts darin mit Thymian- und Rosmarinzweigen bei mäßiger Hitze auf jeder Seite etwa 5 Minuten knusprig braun braten. Danach die Pfanne mit Alufolie abdecken und ruhen lassen.

Milch, 3 EL Olivenöl und Öl von den getrockneten Tomaten zusammen erhitzen. Die Kartoffeln stampfen, heiße Milch nach und nach dazugeben und mit einem Handmixer cremig mixen. Mit Salz und Pfeffer abschmecken. Die Oliven und die Tomaten unterheben, aber nicht mehr mixen. Abschmecken und servieren.

Variation Für ein herzhaftes Selleriepüree kochen Sie Knollensellerie und mehlige Kartoffeln (je 400 g). Erhitzen Sie dann 150 ml Milch mit 3 EL Butter, 1 Prise Muskat, Salz und Pfeffer. Alles zusammen stampfen, dann mixen und mit in Öl geröstetem Knoblauch servieren.

20 Minuten | für 2 Personen

Hühnerbrust zu gekräutertem Marktgemüse

Eine leichte und aromatische Kombination, die viele gesunde Zutaten enthält. Bei der Auswahl der Kräuter sind Ihrer Fantasie keine Grenzen gesetzt.

- 2 Hühnerbrüste (je 200 g)
- Salz, Pfeffer
- 1 EL Olivenöl
- 300 g Kartoffeln
- 1 Möhre
- 160 g Blumenkohl
- 300 ml Gemüsebrühe
- ¼ Fenchelknolle
- 200 g Brokkoli
- 120 g Zuckerschoten
- 8 Kirschtomaten
- 1 Bio-Zitrone
- 2 EL Basilikum, gehackt
- 1 EL Petersilie, gehackt
- 1 EL Kerbel, gehackt
- 2 EL Butter

Backofen auf 180 °C vorheizen. Hühnerbrüste salzen, pfeffern und in einer Pfanne mit dem Öl auf jeder Seite etwa 3 Minuten scharf anbraten. Danach in einer feuerfesten Form für 15 Minuten in den heißen Ofen geben.

Sämtliches Gemüse putzen und waschen. Kartoffeln und Möhre schälen und in Scheibchen schneiden, Blumenkohl in kleine Röschen teilen. Alles in der Gemüsebrühe bei größter Hitze zum Kochen bringen. Fenchel in Streifen schneiden und zum übrigen Gemüse geben. Brokkoli in kleine Röschen zerteilen, bei den Zuckerschoten die Enden entfernen und beides ebenfalls zum kochenden Gemüse geben. Kirschtomaten halbieren und beiseitestellen.

Von einer Bio-Zitrone 1 TL Zesten abziehen, Zesten klein hacken und mit den Kräutern, der Butter sowie den Tomaten zu dem Gemüse geben. Mit Salz und Pfeffer abschmecken.

Die Hühnerbrüste aus dem Ofen nehmen, den entstandenen Saft über das Gemüse geben und alles auf Tellern angerichtet sofort servieren.

Variation Sie können jedes beliebige Fleisch verwenden, das sich zum Kurzbraten eignet.

20 Minuten | für 2 Personen

Schweinekotelett mit Pancetta und Aprikosen

Das perfekte Kotelett bekommen Sie, wenn Sie die Fettränder alle 3 cm leicht einschneiden. So verhindern Sie, dass sich die Ränder „aufrollen“, und Ihr Kotelett wird gleichmäßig kross gebraten. Der italienische Pancetta lässt sich durch jeden anderen Bauchspeck ersetzen.

2 Schweinekoteletts (je 200 g)

Salz, Pfeffer

1 Knoblauchzehe

2 EL Olivenöl

2 Rosmarinzweige

1 große Zucchini

1 EL Butter

100 g Pancetta

60 g getrocknete Aprikosen

1 EL Weißweinessig

Salz, Pfeffer

1 Thymianzweig

½ kleine rote Chilischote

Backofen auf 120 °C Ober- und Unterhitze vorheizen. Beide Koteletts salzen und pfeffern. Knoblauchzehe schälen. 1 EL Öl in eine heiße Pfanne geben, Koteletts scharf von beiden Seiten darin anbraten. Knoblauchzehe und 1 Rosmarinzweig dazugeben, 5 Minuten braten. In eine feuerfeste Form geben und für 15 Minuten in den Ofen stellen.

Zucchini waschen und in 1 cm dicke Scheiben schneiden. Die Kotelett-Pfanne wieder heiß werden lassen. Je 1 EL Butter und Olivenöl darin erhitzen und die Zucchini scharf anbraten. Den Pancetta grob und die Aprikosen fein würfeln und zu der Zucchini geben. Mit Weißweinessig ablöschen. Mit Salz, Pfeffer und je 1 Rosmarin- und Thymianzweig würzen. Chilischote entkernen und in feine Ringe schneiden. Dann zu dem Gemüse geben. Abschmecken.

Die Koteletts aus dem Ofen nehmen und mit dem entstandenen Saft zu dem Gemüse geben. Sofort servieren.

20 Minuten | für 2 Personen

Kaninchen mit Bärlauch-Schupfnudeln

Das köstliche Bärlauchpesto können Sie fertig kaufen oder selbst machen. Ein Rezept gibt es dazu auf Seite 205. Das Kaninchen kann durch Huhn ersetzt werden – dann verlängert sich die Kochzeit um zehn Minuten.

400 g grüner Spargel
2 Schalotten
3 Kaninchenrückenfilets (je 100 g)
2 EL Olivenöl
Salz, Pfeffer
250 g frische Schupfnudeln
Muskat
1 EL Butter
Zitronensaft
2 EL Bärlauchpesto

Backofen auf 120 °C Ober- und Unterhitze vorheizen.

Vom unteren Ende des Spargels 2 bis 3 cm abschneiden, nicht schälen. In schräge, 3 bis 4 cm lange Stücke teilen. Die Schalotten schälen und in dünne Streifen schneiden.

Die Kaninchenfilets parieren: Die hauchfeine Silberhaut entfernen. Das Fleisch in einer Pfanne mit 1 EL Olivenöl etwa 4 Minuten von allen Seiten scharf anbraten. Mit Salz und Pfeffer würzen, aus der Pfanne nehmen und in einer feuerfesten Form in den heißen Backofen zum Garziehen geben.

Die Schupfnudeln in die Pfanne geben und anbraten, mit Salz, Pfeffer und 1 Prise Muskat würzen. In einer weiteren Pfanne mit 1 EL Olivenöl und 1 EL Butter die Schalotten mit den Spargelstreifen 5 Minuten anbraten, mit Salz und Pfeffer und einigen Spritzern Zitronensaft würzen. Die Kaninchenfilets aus dem Ofen nehmen und alles auf Tellern anrichten. Zum Schluss das Bärlauchpesto über die angerichteten Schupfnudeln geben.

Variation Der Spargel kann durch zwei kleine Zucchini ausgetauscht werden, die man mit 50 g getrockneten Tomaten anbrät.

20 Minuten | für 2 Personen

Scaloppine alla Pizzaiola

Ein Klassiker der italienischen Küche. Man kann die kleinen Kalbsschnitzel gut aufwärmen und darum schon am Vortag zubereiten. Als Beilage passt Brot oder ein Salat.

1 EL Kapern
1 kleine Zwiebel
1 Knoblauchzehe
1 EL Olivenöl
2 EL Butter
4 kleine Kalbsschnitzel (je 100 g)
Mehl
4 mittelgroße reife Tomaten
15 grüne entsteinte Oliven
Salz, Pfeffer

Einen Servierteller warmstellen. Wasser zum Überbrühen der Tomaten erhitzen.

Kapern abspülen und abtropfen lassen. Zwiebel würfeln, Knoblauch schälen, beides in einer großen Pfanne mit Olivenöl und Butter glasig anschwitzen. Kalbsschnitzel im Mehl wenden. Hitze in der Pfanne stark erhöhen und die Schnitzel darin auf jeder Seite 2 bis 3 Minuten scharf anbraten.

Tomaten über Kreuz einritzen, mit dem heißen Wasser überbrühen, Haut abziehen, entkernen und in kleine Würfel schneiden. Zu dem Fleisch geben und 5 Minuten köcheln lassen. Die Knoblauchzehe entfernen, Kapern sowie Oliven dazugeben, mit Salz und Pfeffer abschmecken. Auf die warme Servierplatte legen und servieren.

Variation Geben Sie zum Schluss noch eine Handvoll Kräuter Ihrer Wahl dazu. Oder servieren Sie die Schnitzel mit gehobeltem Parmesan und frischem Rucola, im Sommer ein Hit.

20 Minuten | für 2 Personen

Salzburger Nockerln

Traditionell werden drei große Nockerln serviert. Sie symbolisieren die Salzburger Hausberge: Mönchsberg, Kapuzinerberg und Gaisberg. Wer keine Vanilleschote im Haus hat, kann auch auf ein Päckchen Vanillezucker zurückgreifen.

½ Bio-Zitrone
3 EL Milch
4 Eier
1 Prise Salz
110 g Zucker
1 gestrichener EL Mehl
1 Vanilleschote
2 EL Butter
200 g Erdbeeren
2 EL Zucker
2 EL Puderzucker

Backofen auf 220 °C vorheizen.

Die Schale der halben Zitrone abreiben. Milch erwärmen. Eier trennen. Das Eiweiß zusammen mit 1 Spritzer Zitronensaft und 1 Prise Salz zu festem Eischnee schlagen.

2 EL des Eischnees abnehmen und mit Eigelb, 80 g Zucker, Mehl, Zitronenschale und dem Mark der Vanilleschote in einer anderen Schüssel verquirlen, bis die Masse cremig und hell ist. Die Eiweißmasse behutsam unter die Eigelbmasse heben.

Eine Auflaufform mit Butter einfetten, die heiße Milch hineingießen und mit einem Teigschaber drei große Teighäufchen (Nockerln) daraufsetzen und ein wenig hochziehen. Sofort in den heißen Backofen geben und 10 bis 12 Minuten bei 220 °C backen. Die Nockerln sind fertig, wenn sie aufgegangen und goldbraun sind. Während des Backens den Ofen nicht öffnen, sonst fallen die Nockerln zusammen.

Während die Nockerln gebacken werden, die Erdbeeren putzen und mit 2 EL Zucker sowie einem halben EL Zitronensaft fein pürieren, gegebenenfalls durch ein Sieb streichen.

Die fertigen Nockerln mit Puderzucker bestäuben und mit der Erdbeersauce servieren.

20 Minuten | für 4 Personen

Gewürzfeigen mit Mascarpone

Solo ein toller Nachtisch. Wenn man Mascarpone durch Ziegenfrischkäse ersetzt und dazu noch etwas Rucola sowie einige Scheiben luftgetrockneten Rohschinken reicht, hat man eine köstliche Vorspeise.

1 kleine Bio-Orange
1 Zimtstange
1 TL Koriandersamen
1 Nelke
40 g frischer Ingwer
80 g Zucker
300 g Mascarpone
4 EL Milch
8 reife Feigen

Mit einem Zestenreißer die Orange schälen oder Schale fein abreiben. Schale mit allen Gewürzen, Zucker und 350 ml Wasser in einen Topf geben, aufkochen und 10 Minuten köcheln lassen.

Mascarpone mit der Milch cremig rühren. Die Feigen abspülen und trocken tupfen, in den nicht mehr kochenden Sud mit den Gewürzen geben und für 5 Minuten gar ziehen lassen, dabei ab und zu vorsichtig umrühren.

Die Feigen mit einer Schaumkelle auf ein Sieb legen und den Sud bei kleiner Hitze auf die Hälfte reduzieren lassen. Die Feigen wieder hineingeben, einmal umrühren und alles über den Mascarpone geben. Sofort servieren.

20 Minuten | für 2 Personen

Kaiserschmarrn mit Zwetschgenkompott

Ein Klassiker der österreichischen Küche. Dort heißt das Kompott Zwetschgenröster und kommt ohne Portwein und Orangensaft aus. Kaiser Franz Joseph, dessen Leibgericht diese „Eierspeis" war, wäre vermutlich trotzdem begeistert.

1 kleine Bio-Orange
120 ml Portwein
2 Zimtstangen
2 Sternanis
6–7 EL Zucker
500 g Zwetschgen
4 Eier
80 g Mehl
1 Prise Salz
80 g Rosinen
4 EL Butter
Puderzucker

Für das Kompott die Bio-Orange auspressen. 2 x 3 cm dünne Streifen Schale abreiben. Saft und Schale mit Portwein, Zimtstangen, Sternanis und 2 bis 3 EL Zucker in einem großen Topf aufkochen und köcheln lassen. Zwetschgen waschen, halbieren, entsteinen und nach 5 Minuten in den Sud geben, noch einmal aufkochen, dann abkühlen lassen.

Für den Teig Eier trennen. Eigelb mit dem Mehl, 2 EL Zucker und 1 Prise Salz in einer Schüssel mit dem Schneebesen zu einem glatten Teig verrühren. Dann die Rosinen mit einem Teigschaber unterheben. Die 4 Eiweiß mit einem Mixer steif schlagen, dabei weitere 2 EL Zucker langsam einrieseln lassen. Den Schnee unter den Teig heben.

In einer großen beschichteten Pfanne bei kleiner Hitze 2 EL Butter zerlassen. Den Teig in die Pfanne geben und zugedeckt 6 bis 8 Minuten backen. Schmarrn auf einen Teller oder den Pfannendeckel gleiten lassen, noch mal 2 EL Butter in die Pfanne geben, den Schmarrn umgedreht in die Pfanne geben und in 2 bis 3 Minuten fertig backen. Noch in der Pfanne vorsichtig mit einer Gabel in Stücke reißen, mit Puderzucker bestäuben, leicht karamellisieren lassen und sofort auf Teller verteilen. Dort nochmals mit Puderzucker bestäuben. Mit dem Kompott servieren.

20 Minuten | für 4 Personen

Mit Marzipan gefüllte Rotweinbirnen

Wenn Sie die Birnen schon am Vortag zubereiten und abgedeckt über Nacht im Sud ruhen lassen, sind sie am nächsten Tag noch aromatischer und kräftig rot gefärbt.

1 Bio-Orange
1 EL Puderzucker
100 ml Portwein
250 ml Rotwein
250 ml Kirschsaft
100 g Zucker
1 Vanilleschote
1 Zimtstange
1 Scheibe frischer Ingwer
4 reife, feste Birnen
100 g Walnüsse
100 g gesalzene Erdnüsse
70 g Marzipanrohmasse
Zitronensaft
1 gestrichener EL Speisestärke
Nach Belieben 4 cl Cassislikör
100 g dunkle Schokolade
Vanilleeis

Zwei Streifen Schale von der Bio-Orange abreiben. Puderzucker in einem Topf erhitzen und karamellisieren lassen, mit Portwein und Rotwein ablöschen. Kirschsaft, Zucker, die aufgeschlitzte Vanilleschote, Zimtstange, Ingwer und Orangenschalen dazugeben, alles aufkochen und 5 Minuten köcheln lassen.

Birnen schälen und mit einem Kugelstecher das Kerngehäuse entfernen. Die ganzen, ausgehöhlten Birnen in den köchelnden Sud geben und 10 Minuten gar ziehen lassen.

Nüsse zerkleinern, am besten im Blitzhacker, mit der Marzipanrohmasse verkneten, einige Spritzer Zitronensaft dazugeben, beiseitestellen.

Birnen aus dem Sud nehmen und auf einem Sieb abtropfen lassen. Den Sud durch ein Sieb laufen lassen, aufsetzen und 2 Minuten kochen lassen. Speisestärke in etwas kaltem Wasser auflösen und unter den kochenden Sud geben. Erneut aufkochen, eventuell Cassislikör unter den Sud geben, abkühlen lassen.

Die Marzipanmasse zu kleinen Kugeln formen und in die abgekühlten Birnen füllen. Die Masse ist so „weich“, dass man die Birnen daraufstellen kann, ohne dass sie umkippen. Mit einem Löffel etwas Sud in die Mitte der Teller geben, je eine Birne daraufsetzen und mit einer Küchenreibe die Schokolade über die Birnen reiben. Mit Vanilleeis servieren.

20 Minuten | für 4 Personen

Eis und Sorbet aus roten Beeren

Auch ohne elektrische Eismaschine können Sie in wenigen Minuten leckeres Eis oder Sorbet zubereiten. Der Trick ist, angetaute Tiefkühlfrüchte zu verwenden.

HEIDELBEER-BAISER-EIS

500 g tiefgekühlte Heidelbeeren antauen lassen. **50 g Baiser** grob zerbröseln, die Heidelbeeren mit **200 g Naturjoghurt** und **4 EL Honig** pürieren. Je nach Geschmack noch etwas Joghurt oder Honig dazugeben. Baiser unterheben und sofort servieren.

ERDBEER-ZITRONEN-SORBET

500 g tiefgekühlte Erdbeeren antauen lassen. 2 TL Zesten von **1 Bio-Zitrone** abreiben, Zitrone auspressen. Erdbeeren mit **100 ml Orangensaft**, 50 ml Zitronensaft, den Zesten und **5 EL Honig** pürieren. Je nach Geschmack noch Saft oder Zucker dazugeben. Zum Schluss 1 EL sehr fein gehackten **Zitronenthymian** unterheben und servieren.

HIMBEER-MINZ-EIS

500 g tiefgekühlte Himbeeren antauen lassen, mit **200 g Naturjoghurt, 4 EL Honig** und **1 EL Himbeergeist** pürieren. Je nach Geschmack noch etwas Joghurt oder Zucker dazugeben. **2 EL gehackte Minze** unterrühren. Mit Minzeblättern dekorieren.

WALDBEEREN-PROSECCO-SORBET

500 g tiefgekühlte Waldbeeren antauen lassen, mit **200 ml Prosecco, 50 g Crème fraîche** und **5 EL Honig** pürieren. Je nach Geschmack etwas Crème fraîche, Prosecco oder Honig dazugeben. Mit einigen Tropfen **Orangenblütenwasser** aromatisieren und mit je einer Brombeere servieren.

30
min.

30 Minuten | für 4 Personen

Kürbissuppe mit Chorizo und Parmesan

Den Hokkaido-Kürbis müssen Sie nicht schälen. Chorizo ist eine würzige spanische Wurst mit viel Paprika. Ersatzweise geht auch jede andere scharfe Paprikasalami.

1 kleiner Hokkaido-Kürbis (ca. 1 kg)

2 Schalotten

1 Knoblauchzehe

2 EL Olivenöl

2 Lorbeerblätter

Salz, Pfeffer, Zucker

200 ml Weißwein

400 ml Gemüsebrühe

200 ml Sahne

100 g Parmesan

200 g Chorizo (Paprikasalami)

Kürbiskernöl

Den Kürbis waschen, vierteln und mit einem Löffel entkernen. Kürbis, Schalotten und Knoblauchzehe schälen und klein schneiden.

Öl in einem Topf erhitzen, das Gemüse und die Lorbeerblätter darin anrösten. Mit Salz, Pfeffer und einer Prise Zucker würzen. Mit Weißwein ablöschen, etwa 2 Minuten kochen lassen. Mit Brühe und Sahne auffüllen und bei leicht geöffnetem Deckel 15 bis 20 Minuten köcheln lassen.

Den Parmesan reiben und die Chorizo in dünne Streifen schneiden. Wenn der Kürbis gar ist, mit dem Stabmixer fein pürieren, nochmals abschmecken. In Teller geben und mit je 1 TL Kürbiskernöl sowie Parmesan und Chorizostreifen bestreuen.

Variation Kürbispüree passt hervorragend zu kurz gebratenem Fleisch. Den Kürbis in etwas Brühe weich kochen, mit Salz und Pfeffer würzen, 1 EL Butter dazugeben und cremig mixen. Nach Bedarf noch etwas Milch hinzufügen.

30 Minuten | für 4 Personen

Maronencremesuppe mit Zitrone und weißem Pfeffer

Simpel und trotzdem ausgefallen. Am besten die vakuumierten vorgegarten Maronen im Beutel kaufen, nicht die in der Dose.

- 2 Schalotten
- 400 g vorgegarte Maronen
- 1 EL Olivenöl
- 1 EL Butter
- 200 ml Weißwein
- 800 ml Gemüsebrühe
- 200 ml Sahne
- Salz
- frisch gepresster Zitronensaft
- frisch gemahlener weißer Pfeffer

Schalotten schälen und würfeln. Mit den Maronen in Olivenöl und Butter in einem Topf anschwitzen, salzen. Mit Weißwein ablöschen, etwa 5 Minuten reduzieren lassen. Mit Gemüsebrühe auffüllen. Etwa 15 Minuten bei leicht geöffnetem Deckel köcheln lassen.

Mit einem Stabmixer cremig pürieren. Sahne dazugeben, noch mal kurz pürieren und heiß werden lassen, aber nicht mehr kochen. Mit Salz, Zitronensaft sowie frisch gemahlenem weißen Pfeffer abschmecken.

30 Minuten | für 4 Personen

Rotes Paprikasüppchen mit Chardonnay und Frischkäse

Der in Eichenfässern ausgebaute, trockene Chardonnay passt hervorragend zu der leichten, fruchtigen Süße der Paprika. Natürlich können Sie auch andere Weißweine verwenden, aber keiner passt so gut wie dieser.

700 g rote Paprika
1 Gemüsezwiebel
2 Knoblauchzehen
1 EL Olivenöl
1 EL Butter
Salz, Pfeffer, Zucker
200 ml Chardonnay
400 ml Gemüsebrühe
200 g Ziegenfrischkäse
1 Bio-Zitrone
1 EL Basilikum, gehackt

Paprika waschen, entkernen und klein schneiden. Zwiebel schälen und würfeln. Knoblauchzehen schälen und in Scheiben schneiden. Alles in Öl und Butter bei mittlerer Temperatur 5 Minuten glasig anschwitzen. Mit Salz, Pfeffer und etwas Zucker würzen. Den Zucker karamellisieren lassen. Mit dem Chardonnay ablöschen und 2 Minuten köcheln lassen.

Mit der Brühe auffüllen und 15 Minuten gar kochen. Dann mit dem Stabmixer pürieren. Noch mal abschmecken. Wenn die Suppe nicht sämig genug ist, etwas Butter untermixen. Wenn Sie die Suppe durch ein Sieb streichen, wird sie noch cremiger.

Während die Suppe kocht, 1 TL Zesten von der Bio-Zitrone abreiben. Frischkäse mit der Zitronenschale und dem Basilikum cremig rühren. Mit einem nassen Teelöffel Nocken abstechen und in die fertige Suppe geben, sofort servieren.

Variation Wenn Sie keinen Alkohol verwenden wollen, erhöhen Sie die Menge der Brühe um 150 ml. Statt des Ziegenfrischkäses geht auch jeder andere Frischkäse, in diesen können Sie dann 1 TL Tomatenmark und 1 EL gehackte Petersilie rühren.

30 Minuten | für 4 Personen

Blumenkohl-Curry-Suppe mit Räucherlachs

Der rauchige Lachs unterstreicht prima das erdige Aroma der Suppe. Currymischungen kann man als Pulver oder Paste in vielen verschiedenen Geschmacksrichtungen und Schärfegraden kaufen. Madras ist scharf, Colombo und Garam masala sind mild bis süßlich.

1 mittelgroßer Blumenkohl (ca. 700 g geputzt)
350 g Kartoffeln
1 Schalotte
1 EL Olivenöl
2 EL Butter
2 TL Currypulver
Salz, Pfeffer
Muskat, frisch gerieben
400 ml Sahne
300 ml Gemüsebrühe
3 EL frischer Koriander
200 g Räucherlachs

Blumenkohl waschen und in kleine Röschen schneiden. Die Kartoffeln schälen, waschen und in kleine Würfel schneiden. Die Schalotte fein würfeln.

In einem großen Topf Olivenöl und Butter schmelzen lassen. Die Schalottenwürfel und das Currypulver darin anrösten, mit Salz, Pfeffer und Muskat würzen. Mit Sahne und Gemüsebrühe auffüllen und 20 Minuten bei leicht geöffnetem Deckel leise köcheln lassen.

Den Koriander waschen, auf Küchenpapier trocken legen und grob hacken. Den Lachs in feine Streifen schneiden.

Wenn das Gemüse nach 20 Minuten gar ist, mit einem Stabmixer cremig pürieren und nochmals abschmecken. In Teller geben und mit Räucherlachsstreifen und Koriandergrün belegen.

30 Minuten | für 2 Personen

Nudelrisotto mit Erbsen und Speck

Für Nudelrisotto sollten Sie immer kleine Nudeln verwenden. Wir empfehlen die schmetterlingsartigen Farfalline. Sie können durch andere kleine italienische Suppennudeln ersetzt werden, etwa Conchigliette Piccole, Stelline, Acini di Pepe oder Rissoni. Statt Kerbel kann man auch Petersilie plus Basilikum oder Minze nehmen.

150 g tiefgekühlte junge Erbsen
700 ml Gemüse- oder Rinderbrühe
200 g magerer Speck
3 Schalotten
2 Knoblauchzehen
3 EL Olivenöl
250 g Farfalline (Mini-Farfalle)
100 ml Weißwein
Salz, Pfeffer
200 g Parmesan
6 EL Kerbel, gehackt
100 ml Sahne

Erbsen antauen lassen. Brühe kochen und warm stellen.

Speck, Schalotten und Knoblauchzehen fein würfeln. Olivenöl in einem Topf erhitzen, Speck, Schalotten und Knoblauch dazugeben und zusammen mit den Farfalline anbraten, bis sich ein glänzender Film über die Zutaten gelegt hat.

Mit Weißwein ablöschen und eine Kelle Brühe nachfüllen. Nachdem die Nudeln die Flüssigkeit aufgenommen haben, wieder eine Kelle nachgießen. Den Vorgang mehrmals wiederholen. Dabei ständig rühren! Mit Pfeffer und je nach Geschmack mit Salz würzen. Zwischendurch Parmesan reiben.

Wenn die Brühe nach etwa 20 Minuten aufgebraucht, die Nudeln al dente und die Sauce schön sämig ist, Sahne (oder weitere 150 ml Brühe) und die jungen Erbsen dazugeben. 2 bis 3 Minuten köcheln lassen.

Nochmals abschmecken, von der Kochplatte nehmen, den geriebenen Parmesan unterheben und mit Kerbel bestreuen.

30 Minuten | für 2 Personen

Tomaten-Kartoffel-Gratin

Sieht nicht nur toll aus, sondern schmeckt auch so. Ein herrlich leichtes Gericht, das nur mit ein paar Blattsalaten serviert schon viel hermacht, aber auch mit einem schönen Stück Fleisch perfekt harmoniert.

2 kleine Zucchini
4 mittlere festkochende Kartoffeln
3 große Tomaten
2 Knoblauchzehen
8 getrocknete Tomaten (in Öl)
2 Rosmarinzweige
2 Thymianzweige
1 TL Fenchelsamen
½ Bio-Zitrone
2 EL Olivenöl
100 g Parmesan

Ofen auf 200 °C Ober- und Unterhitze vorheizen. Zucchini waschen und in Längsstreifen schneiden, die Kartoffeln schälen und in hauchfeine Scheiben schneiden (zum Beispiel mit dem Sparschäler), die Tomaten in dicke Scheiben schneiden. Alles abwechselnd quer in eine mit Butter eingefettete Auflaufform legen.

Getrocknete Tomaten und geschälten Knoblauch klein würfeln, Rosmarin und Thymian waschen, die Nadeln oder Blätter von den Zweigen lösen und klein hacken. Alles mit den Fenchelsamen, dem Saft und den Zesten der halben Bio-Zitrone (je nach gewünschter Säure auch etwas weniger) und 2 EL Olivenöl gut vermengen. Über dem Gemüse verteilen. Zum Schluss den Parmesan grob über das Gratin raspeln und alles für etwa 20 bis 25 Minuten mit Alufolie bedeckt backen. Die Folie in den letzten 5 Minuten Backzeit entfernen.

30 Minuten | für 2 Personen

Anis-Ratatouille

Das geschmorte Gemüsegericht stammt aus der Gegend von Nizza und wurde erst im 20. Jahrhundert überregional bekannt. Es lässt sich sehr gut vorbereiten und schmeckt durchgezogen fast noch besser als frisch zubereitet.

2 Paprika (rot und gelb)
1 kleine Aubergine
2 kleine Zucchini
2 Zwiebeln
2 Knoblauchzehen
4 EL Olivenöl
3 Stängel Basilikum
Salz, Pfeffer, Zucker
1 TL Fenchelsamen
5 Fleischtomaten
1 Sternanis
½ Bio-Zitrone

Das Gemüse waschen. Zwiebeln schälen. Paprikas, Aubergine und Zwiebeln in etwa 2 x 2 cm große Würfel, Zucchini und Knoblauchzehen in feine Scheiben schneiden. Alles zusammen in einem großen Topf, besser noch im Bräter, mit Olivenöl scharf anbraten. Die Blätter von den Basilikumstängeln zupfen und Stängel zum Gemüse geben, mit Salz, Pfeffer und 1 Prise Zucker würzen.

Für die Tomaten Wasser im Wasserkocher aufkochen. Fenchelsamen in einer Pfanne ohne Fett rösten, bis sie anfangen zu duften. Abkühlen lassen und im Mörser grob zermahlen.

Tomaten über Kreuz einritzen und mit dem kochenden Wasser überbrühen, schälen, entkernen (dabei Kerne und Saft aufsparen) und in kleine Würfel schneiden. Zu dem Gemüse geben und mit Sternanis und Fenchelsamen für 15 Minuten ohne Deckel köcheln lassen. Falls zu viel Flüssigkeit verkocht, ein wenig von den Tomatenkernen dazugeben. Mit Saft und Zesten der Zitrone und den klein gehackten Basilikumblättern abschmecken. Dazu Weißbrot reichen.

Variation Für die klassische Ratatouille statt des Sternanis ein Lorbeerblatt sowie 2 frische Thymianzweige verwenden. Oder getrocknete Kräuter der Provence. Mit Rotwein verfeinern. Ein Schuss Pastis kann auch nicht schaden.

30 Minuten | für 2 Personen

Radicchio-Risotto mit Ziegenkäse

Der beste Radicchio kommt aus Treviso. Aceto Balsamico Tradizionale schmeckt unvergleichlich süß-aromatisch, ist aber sündhaft teuer. Als Ersatz geht Aceto Balsamico di Modena, er wurde wie sein kostspieliger Bruder nach Herkunftsrichtlinien hergestellt, ist aber keine zwölf Jahre in verschiedenen Fasstypen gereift.

ca. 650 ml Fleischbrühe
2 Schalotten
2 EL Olivenöl
250 g Risottoreis (z. B. Arborio)
100 ml Weißwein
20 g alter Ziegenkäse
20 g junger Ziegenkäse
½ Radicchio
1 kleiner EL Sesamsaat
½ EL Butter
Salz, Pfeffer
guter Aceto balsamico

Fleischbrühe erhitzen. Schalotten schälen und in kleine Würfel schneiden, im Olivenöl in einem Topf mit breitem Boden anschwitzen. Den Reis dazu und unter Rühren glasig dünsten, bis sich ein glänzender Film über alles gelegt hat. Mit Weißwein ablöschen und bei mittlerer Hitze unter Rühren reduzieren lassen. Ein wenig Brühe angießen und unter Rühren reduzieren lassen. Sobald die Reiskörner am Topfboden eine weiße, cremige Spur hinterlassen, wieder etwas Brühe nachgießen, so lange, bis die Brühe aufgebraucht ist.

Inzwischen den alten Ziegenkäse fein reiben und den jungen Ziegenkäse hobeln. Den halben Radicchio vierteln, den Strunk entfernen, den Rest in feine Streifen schneiden, kurz im kalten Wasser waschen und mit einer Salatschleuder trocken schleudern. Sesam in einer Pfanne ohne Fett goldgelb rösten.

Das Risotto ist nach etwa 20 Minuten gar, jetzt den fein geriebenen Käse sowie ½ EL Butter unter das Risotto rühren, mit Salz und Pfeffer abschmecken. Den Radicchio unter das Risotto heben, auf Pastatellern anrichten, mit dem gehobelten Ziegenkäse und der Sesamsaat bestreuen, mit einigen Tropfen gutem Aceto balsamico beträufeln und servieren.

30 Minuten | für 2 Personen

Ganze Dorade mit geschmortem Fenchel

Durch den legendären französischen Wermut Noilly Prat werden die Doraden besonders aromatisch. Er kann durch Pastis oder Pernod oder mit 2 Sternanis und 150 ml mehr Brühe ersetzt werden.

600 g Fenchelknollen
3 EL Olivenöl
Salz, Pfeffer
2 Knoblauchzehen
25 Thymianzweige
4 Rosmarinzweige
2 EL Butter
150 ml Noilly Prat
350 ml Gemüsebrühe
2 kleine küchenfertige Doraden (je 300 g, gewaschen und getrocknet)
2 Lorbeerblätter

Backofen auf 200 °C Ober- und Unterhitze vorheizen. Fenchelknollen waschen, das Grün entfernen und den Strunk glatt abschneiden. Je nach Größe die Knollen sechsteln oder achteln, die Scheiben sollen dabei nicht auseinanderfallen. Portionsweise in einer Pfanne mit insgesamt 2 EL Olivenöl scharf anbraten, mit Salz und Pfeffer würzen.

Eine Knoblauchzehe schälen und in einem Topf mit Thymian- und Rosmarinzweigen in 1 EL Butter anbraten. Den Fenchel dazugeben, mit Noilly Prat ablöschen. 5 Minuten einkochen lassen. Mit Gemüsebrühe auffüllen und für weitere 15 Minuten köcheln lassen.

Während der Fond reduziert, in einer großen Pfanne je 1 EL Olivenöl und Butter erhitzen. Die Doraden salzen, pfeffern und mit einer geschälten Knoblauchzehe und 2 Lorbeerblättern in der heißen Pfanne auf jeder Seite etwa 5 Minuten scharf anbraten. Danach in den heißen Ofen geben und etwa 8 Minuten zu Ende garen. Zusammen mit dem Fenchel und frischem Brot servieren.

30 Minuten | für 2 Personen

Forelle im Salzteig

Das viele Salz macht den Fisch herrlich würzig.

Am besten servieren Sie die Forelle noch in der Salzkruste und öffnen sie eindrucksvoll duftend am Tisch. Dazu Salat oder frisches Brot reichen.

2 kg grobes Stein- oder Meersalz

1 Eiweiß

1 Prise Salz

1 große küchenfertige Forelle (ca. 600 g, gewaschen und getrocknet)

½ Bund Thymian

1 Rosmarinzweig

Olivenöl

Ofen auf 200 °C Ober- und Unterhitze vorheizen. Das grobe Salz in eine Schüssel füllen. Eiweiß mit einer Prise Salz steif schlagen und mit nassen Händen unter das grobe Salz heben. Den Boden einer großen Auflaufform mit einem Teil des Eiweiß-Salz-Gemisches bedecken.

Die Forelle mit dem Thymian und dem Rosmarinzweig füllen, mit Olivenöl einreiben, in die Auflaufform legen und mit dem restlichen Eiweiß-Salz-Gemisch völlig bedecken. Für etwa 20 Minuten in den Ofen geben. Danach die Salzkruste vorsichtig aufbrechen und den Fisch ohne Haut genießen.

30 Minuten | für 2 Personen

Seezungenröllchen mit Brokkoli an Beurre Blanc

Die Seezunge ist ein edler Vertreter der Plattfische und wird in der Nordsee gefangen. Da ihr Fleisch sehr fest ist, kann man sie rollen und sogar vorsichtig breitklopfen, sollten die Filets zu schmal sein.

1 Tasse Basmati-Reis

1 Schalotte

200 ml trockener Weißwein

250 g eiskalte Butter

½ Zitrone

Salz, weißer Pfeffer

1 Möhre

4 kleine Seezungenfilets

4 TL Kräuterfrischkäse

200 ml Fischfond

300 g Brokkoli

200 ml Gemüsebrühe

Basmati-Reis waschen. 2 Tassen Wasser für 1 Tasse Reis aufsetzen, zum Kochen bringen, bei kleiner Hitze 10 Minuten köcheln lassen, bis kein Wasser mehr vorhanden ist. Niemals umrühren.

Inzwischen Schalotte fein würfeln, mit Weißwein aufsetzen und auf ein Drittel reduzieren lassen. 250 g eiskalte Butter Stück für Stück unter die Schalotten rühren, langsam mit dem Saft der halben Zitrone verlängern, darauf achten, dass die Sauce nicht mehr kocht. Mit Salz und weißem Pfeffer abschmecken. Beiseitestellen.

Möhre schälen und in feine Stifte schneiden. Seezungenfilets eventuell etwas breitklopfen, mit Frischkäse bestreichen. Möhrenstifte darauf verteilen und einrollen, mit Zahnstochern fixieren. In einem kleinen Topf den Fischfond zum Kochen bringen und Seezungenröllchen hochkant hineinstellen. Topf mit einem Deckel schließen, Hitze reduzieren und für 8 Minuten dünsten.

Brokkoli in kleine Röschen schneiden und in 200 ml Gemüsebrühe etwa 5 Minuten knackig dünsten. Reis, Brokkoli und Seezungenröllchen auf einem Teller anrichten. Sauce dazureichen.

30 Minuten | für 2 Personen

Frikadellen mit Sardellen zu Spinat und Püree

Ein in Milch eingeweichtes Brötchen macht die Frikadellen besonders saftig. Wenn Sie keine Brötchen vom Vortag haben, greifen Sie auf Brot oder frische Brötchen zurück.

600 g mehligkochende Kartoffeln
½ Brötchen vom Vortag
250 ml Milch
1 Knoblauchzehe
3 Sardellenfilets (abgespült)
2 EL Petersilie, gehackt
300 g Rinderhackfleisch
1 Eigelb
Salz, Pfeffer
2 EL Parmesan, gerieben
30 g Semmelbrösel
1 EL Olivenöl
5 EL Butter
Muskat
400 g frischer oder 150 g aufgetauter TK-Spinat

Geschälte und klein geschnittene Kartoffeln in kaltem Salzwasser aufsetzen und etwa 15 Minuten kochen. Das Brötchen zerreißen und in 100 ml Milch einweichen.

Geschälten Knoblauch und Sardellen klein hacken, mit der Petersilie zum Hackfleisch geben, vermengen. Das Brötchen leicht ausdrücken und mit Eigelb, Salz, Pfeffer und Parmesan unter die Hackfleischmasse geben. Masse mit den Händen vermengen und zu 12 Frikadellen formen. In den Semmelbröseln wenden und in einer heißen Pfanne im Olivenöl 2 Minuten scharf von allen Seiten anbraten. Hitze stark reduzieren und die Frikadellen abgedeckt 10 Minuten zu Ende garen.

Weitere 150 ml Milch erwärmen. Die gar gekochten Kartoffeln abgießen, 1 EL Butter, Salz und Pfeffer dazugeben, eine ordentliche Prise Muskat darüberreiben, mit einem Stampfer zerkleinern. Erwärmte Milch dazu und alles mit einem Mixer luftig schlagen. Deckel drauf, zur Seite stellen.

Einen Topf mit Salzwasser aufsetzen. Frischen Spinat waschen, grobe Stiele entfernen und 2 Minuten in Salzwasser kochen. 4 EL Butter in einer Pfanne zerlassen. Spinat mit einer Schaumkelle aus dem Wasser holen. Den blanchierten beziehungsweise aufgetauten TK-Spinat in die Butterpfanne geben, durchschwenken, mit Salz und Pfeffer abschmecken. Fertig.

30 Minuten | für 2 Personen

Jakobsmuschel-Spieße auf Rucola-Risotto

Italien mit einem deutlich asiatischen Einschlag: Kaffirlimettenblätter und Zitronengras machen Risotto und Muscheln wunderbar frisch und fruchtig.

600 ml Gemüsebrühe
4 Stangen Zitronengras
2 Kaffirlimettenblätter
3 EL Butter
2 Schalotten
2 EL Olivenöl
250 g Risottoreis (z. B. Arborio)
100 ml Weißwein
40 g Pecorino
75 g Rucola
1 reife Birne
8 Jakobsmuscheln (mit Schale oder ausgelöst)
8 Scheiben Parmaschinken
Salz, Pfeffer

Gemüsebrühe erhitzen. Zitronengras und Kaffirlimettenblätter abspülen. Kaffirlimettenblätter mit 2 EL Butter in einer großen Pfanne 10 Minuten braten.

Geschälte und klein gewürfelte Schalotten in einem Topf mit breitem Boden in 2 EL Olivenöl anschwitzen. Reis dazugeben und bei mittlerer Hitze unter Rühren glasig dünsten. Mit Wein ablöschen und unter Rühren einkochen lassen. Nach und nach die heiße Brühe angießen und unter Rühren immer wieder reduzieren lassen, bis die Brühe aufgebraucht ist.

Pecorino reiben. Stiele des Rucola entfernen, Rucola grob schneiden, abspülen, trocken schleudern. Birne waschen, vierteln und in je 2 Scheiben schneiden.

Wenn Sie Jakobsmuscheln mit Schale haben, nur den weißen Muskelstrang zwischen den Klappen verwenden. Je 2 Muscheln abwechselnd mit 2 Scheiben Schinken und 2 Birnenstücken auf eine Stange Zitronengras spießen. Kaffirlimettenblätter aus der Butter nehmen und Spieße hineingeben, jeder Seite etwa 4 Minuten bei kleiner Hitze anbraten. Mit Salz und Pfeffer würzen.

1 EL Butter unter das Risotto rühren, mit Salz und Pfeffer abschmecken. Rucola unter das Risotto heben, mit den Spießen auf Teller anrichten und mit dem Sud aus der Pfanne beträufeln.

30 Minuten | für 2 Personen

Scampi im Spaghetti-Mantel

Am besten eignen sich die Capellini oder Engelshaar genannten extra dünnen Spaghettini. Aber auch mit normalen Spaghetti ist dieses Gericht ein Genuss – nicht nur für die Augen. Dazu schmecken würzige Erbsen mit Speck.

150 g Spaghetti
3 EL Olivenöl
10 tiefgekühlte Scampi oder Riesengarnelen (aufgetaut)
Salz, Pfeffer
2 Schalotten
2 Knoblauchzehen
80 g Bauchspeck (z. B. Pancetta)
2 EL Butter
250 g junge Erbsen (tiefgefroren oder frisch)
100 ml Gemüsebrühe
Zitronensaft

Spaghetti bissfest kochen, danach eiskalt abschrecken.

Backofen auf 150 °C Ober- und Unterhitze vorheizen. Die abgekühlten Nudeln mit 1 EL Olivenöl vermengen. Jeweils 5 Spaghetti der Länge nach zusammenlegen und um je einen Scampi wickeln. Die eingewickelten Scampi auf einen mit Backpapier ausgelegten Teller legen.

In einer großen Pfanne 2 EL Olivenöl erhitzen, Scampi darin portionsweise von jeder Seite etwa 2 bis 3 Minuten scharf anbraten. Mit Salz und Pfeffer würzen, auf einem großen Servierteller im vorgeheizten Backofen warm stellen.

Schalotten und Knoblauchzehen schälen und mit dem Speck in dünne Streifen schneiden, alles in der Scampi-Pfanne mit Butter 2 Minuten scharf anbraten. Die Erbsen dazugeben, mit der Brühe und etwas Zitronensaft ablöschen. Mit Salz und Pfeffer abschmecken und über die Scampi geben.

Variation Statt um Scampi können Sie die dünnen Spaghetti auch um Zucchinistifte wickeln.

30 Minuten | für 2 Personen

Linguini mit geschmortem Lauch und Bacon

Unter Bacon verstehen wir in Deutschland den schmalen Frühstücksspeck, den man nicht nur in den USA und England gerne knusprig gebraten zum Rühr- oder Spiegelei reicht. In der Kombination mit Lauch eine einfache, aber leckere Pastasauce.

2 Stangen Lauch

2 EL Olivenöl

2 EL Butter

1 Knoblauchzehe

10 Scheiben Bacon (ca. 200 g)

100 ml Gemüse- oder Rinderbrühe

120 g Parmesan

250 g Linguini

Salz, Pfeffer

Lauch gründlich waschen und in feine Ringe schneiden (siehe auch Seite 19). Öl und Butter in einem Bräter oder einem breiten Topf zerlassen. Die ganze, geschälte Knoblauchzehe und den Lauch dazugeben. Bacon so auf dem Lauch verteilen, dass er völlig bedeckt ist. Mit Brühe aufgießen, Deckel drauf und 15 bis 20 Minuten schmoren lassen.

Nudelwasser aufsetzen, reichlich salzen. Parmesan reiben. Wenn der Lauch etwa 8 bis 10 Minuten geschmort hat, Nudeln ins kochende Wasser geben und nach Packungsanleitung al dente kochen.

Kurz bevor die Pasta fertig ist, den Bacon aus dem Bräter nehmen und in feine Streifen schneiden, wieder zurückgeben, mit Salz und Pfeffer würzen, eine Kelle Nudelwasser dazugeben.

Die abgegossenen Nudeln unter den Lauch heben, den Parmesan dazugeben und vermengen. Sofort servieren.

Variation Zwei gehäutete Tomaten würfeln und zum Schluss über die Pasta geben.

30 Minuten | für 2 Personen

Entenbrust mit Granatäpfeln und Walnüssen zu Feldsalat

Knusprig und fettarm werden die Entenbrüste, wenn man sie in eine kalte Pfanne legt und diese erst dann erhitzt. Statt mit Granatäpfeln schmeckt das Gericht auch klassisch mit Orangen.

1 Zwiebel
1 Bio-Zitrone
1 Bio-Orange
2 Entenbrüste
2 EL brauner Zucker
1 TL Zimt
185 g Walnüsse, gehackt
250 ml Granatapfelsaft
100 g Feldsalat
1 EL Olivenöl
Salz, weißer Pfeffer
Zucker

Ofen auf 180 °C Ober- und Unterhitze vorheizen. Zwiebel würfeln. Mit dem Zestenreißer von der Zitrone und der Orange jeweils 1 TL Schale abreiben. Aus der Zitrone 2 EL Saft pressen.

Die Haut der Entenbrüste über Kreuz einritzen und die Brüste ohne Fett in eine kalte Pfanne legen, die Hitze auf höchste Stufe stellen und Fleisch etwa 8 Minuten anbraten. In eine Auflaufform geben und zur Seite stellen.

Das Entenfett bis auf einen Esslöffel abkippen, Zwiebelwürfel in der Pfanne anbraten, braunen Zucker, Zimt, Zitronen- und Orangenschale sowie Walnüsse darin kurz rösten. Mit dem gepressten Zitronensaft und dem Granatapfelsaft ablöschen und noch 1 Minute kochen lassen, dann über die Entenbrüste gießen und alles für rund 15 Minuten in den Backofen schieben.

Feldsalat waschen und trocken schleudern. Einige Spritzer Zitronensaft mit 1 EL Olivenöl, Salz, Pfeffer und 1 Prise Zucker in eine Schüssel geben und verrühren. Feldsalat dazugeben und mit den Händen vorsichtig durch das Dressing ziehen.

Wenn die Entenbrüste gar sind, 5 Minuten abgedeckt ruhen lassen. Die Brüste in Scheiben schneiden, auf Tellern anrichten, mit der Sauce begießen und zusammen mit dem Feldsalat servieren.

30 Minuten | für 2 Personen

Lammkoteletts mit Rosmarinkartoffeln

Ein Klassiker der mediterranen Küche. Haben Sie keine frischen Kräuter zur Hand, nehmen Sie getrocknete. Drillinge sind besonders aromatische, kleine Kartoffeln, die man für dieses Gericht nicht schälen muss.

600 g festkochende Kartoffeln (möglichst Drillinge)

2 kleine Zwiebeln

3 Thymianzweige

3 Rosmarinzweige

4 Knoblauchzehen

2–3 EL Olivenöl

6 getrocknete Tomaten (in Öl)

6 kleine Lammkoteletts (je ca. 80 g)

Salz, Pfeffer

Backofen auf 220 °C Ober- und Unterhitze vorheizen. Kartoffeln gründlich waschen, aber nicht schälen. Kartoffeln und geschälte Zwiebeln je nach Größe vierteln oder achteln. Auf ein mit Backpapier ausgelegtes Blech legen. Die Blätter beziehungsweise Nadeln von den gewaschenen und trocken geschleuderten Kräuterzweigen abstreifen und auf den Kartoffeln verteilen. Die geschälten Knoblauchzehen im Ganzen und 1 bis 2 EL Olivenöl dazugeben. Alles kräftig salzen, pfeffern und ordentlich durchmischen. Für 20 Minuten in den heißen Ofen geben.

Getrocknete Tomaten sehr fein würfeln, 10 Minuten vor Schluss mit 2 EL des eigenen Öls zu den Kartoffeln im Ofen geben.

Eine Pfanne mit 1 EL Olivenöl heiß werden lassen. Die Fettränder an den Koteletts leicht einschneiden, das Fleisch salzen, pfeffern und von jeder Seite 3 Minuten knusprig braun braten. Für die letzten 5 Minuten mit in den Backofen geben. Danach alles zusammen servieren.

30 Minuten | für 2 Personen

Asiatischer Milchreis

Der verwendete Reissirup hat ein süßes und karamellartiges Aroma, man kann ihn durch Honig ersetzen. Thai-Basilikum schmeckt anders als das mediterrane Basilikum ein wenig nach Anis. Man findet es wie Zitronengras in jedem Asiashop.

2 Stangen Zitronengras
4 Tassen Kokosmilch
40 g Ingwer
¼ kleine rote Chilischote
2–3 EL Reissirup (oder Honig)
1 Tasse Milchreis (Rundkornreis, z. B. Arborio)
½ reife, nicht zu weiche Mango
1 EL Thai-Basilikum (ersatzweise Basilikum)

Das äußere harte Blatt vom Zitronengras entfernen. Kokosmilch mit Zitronengras, Ingwer (ungeschält im Stück), Chilischote und Reissirup aufkochen. Milchreis dazugeben, noch einmal aufkochen und 20 bis 25 Minuten bei kleiner Hitze gar ziehen lassen. Immer wieder umrühren – der Milchreis setzt leicht an.

Mango schälen, Kern entfernen und in kleine Würfel teilen. Thai-Basilikum in feine Streifen schneiden, Mangostücke darin wälzen.

Wenn der Milchreis gar ist, Zitronengras und Ingwer entfernen, mit den Mangowürfeln bestreut servieren.

Variation Wer es klassisch mag, nimmt 200 ml Milch und 200 ml Buttermilch, kocht beides mit 1 Prise Salz und 3 EL Zucker auf, fügt 100 g Milchreis dazu, kocht alles noch einmal auf und lässt den Reis dann 20 bis 25 Minuten gar ziehen. Vor dem Servieren mit Zimt und Zucker bestreuen.

30 Minuten | für 4 Personen

Birnenstrudel mit Minze

Wenn man Fertigteig aus dem Kühlregal nimmt, gelingt dieser Strudel in 30 Minuten. Er schmeckt am besten lauwarm mit kalter Vanillesauce oder Vanilleeis.

500 g reife, feste Birnen (z. B. Williams Christ)
½ Zitrone
½ EL Minze, gehackt
1 Packung Strudelteig (250 g)
100 g Semmelbrösel
1 TL Zimt
200 g Marzipanrohmasse
100 g Walnüsse, grob gehackt
2 Eigelb

Backofen auf 180 °C vorheizen. Birnen schälen, vierteln, entkernen und in dünne Scheiben schneiden. Mit dem Saft der Zitrone beträufeln. Minze unter die Birnen mischen.

Strudelteig auseinanderfalten. Semmelbrösel mit dem Zimt mischen. Die Mischung in der Mitte des Strudelblattes auf etwa 10 x 25 cm streuen.

Marzipanrohmasse in kleine Stücke reißen und mit den gehackten Walnüssen unter die Birnen heben, dann auf den Semmelbröseln verteilen.

Die Ränder des Strudels mit dem Eigelb einstreichen und wie ein Paket verschließen. 20 Minuten auf einem mit Backpapier ausgelegten Blech in den Backofen geben.

30 Minuten | für 2 Personen

Mousse au Chocolat

Ein Dessert-Klassiker. Die Zubereitung geht eigentlich ganz fix, die Mousse muss nur drei Stunden kalt gestellt werden, damit sie die richtige fluffige Konsistenz bekommt.

200 g dunkle Schokolade
4 EL Sahne
50 g weiche Butter
4 frische Bio-Eier
6 EL feiner Zucker
1 EL Zesten von 1 Bio-Orange
1 EL Cointreau
1 EL Weinbrand
1 Prise Salz

Schokolade in Stücke brechen, in eine Schüssel geben und langsam über einem heißem Wasserbad schmelzen, Schokolade nicht zu heiß werden lassen. Sobald sie geschmolzen ist, Sahne und Butter unterrühren.

Eier trennen. Eigelb mit 3 EL Zucker in einer Metallschüssel über dem heißen Wasserbad schaumig schlagen, bis sich der Zucker vollständig aufgelöst und die Masse ihr Volumen mindestens verdoppelt hat. Wichtig ist, dass die Schüssel nie Kontakt mit dem Wasser hat. Die flüssige Schokolade, Orangenzesten, Cointreau und Weinbrand unterrühren.

Eiweiß mit 1 Prise Salz steif schlagen. Zum Schluss 3 EL Zucker hineinrieseln lassen. Etwa ein Drittel des Eischnees ordentlich unter die Mousse rühren, den Rest vorsichtig unterheben. Für mindestens 3 Stunden im Kühlschrank kalt stellen.

Variante ohne Alkohol Cointreau und Weinbrand weglassen und dafür einen Schuss Sahne mehr.

45 min.

45 Minuten | für 4 Personen

Miesmuschelsüppchen
Teriyaki-Kaninchen
Mangocreme

Dieses asiatisch angehauchte Menü überrascht durch eine Kombination aus Miesmuscheln mit Safran und Kaninchen mit Gnocchi und Zuckerschoten sowie einem fruchtigen Dessert. Statt Kaninchenfilets können Sie auch Hühnerfilets nehmen, die müssen aber zehn Minuten länger braten.

VORSPEISE

- 500 g Kartoffeln
- ½ Knollensellerie
- 3 Möhren
- 2 Stangen Lauch
- 1 EL Olivenöl, 1 EL Butter
- Salz, Pfeffer, Zucker
- 200 ml Weißwein
- 1 l Gemüsebrühe
- 200 ml Sahne
- 1 kleine Dose Safranfäden
- 1 Bio-Zitrone
- 400 g Miesmuschelfleisch (aus der Dose/dem Glas)
- 2 EL Petersilie, gehackt

HAUPTGANG

- 4 Kaninchenrückenfilets (je 100 g)
- 500 g Zuckerschoten
- 2 EL Olivenöl
- 500 g frische Gnocchi
- 3 EL Sesamsaat
- ½ TL Sesamöl
- Salz, Pfeffer
- 350 ml Teriyaki-Sauce
- 2 Schalotten
- 1 Knoblauchzehe
- 1 EL Butter
- Zitronensaft

DESSERT

- 1 Mango
- 100 ml Mangopüree (gibt es im Asiashop)
- 100 ml Milch
- 3 EL Zucker
- 400 g Mascarpone
- 1 Bio-Limette
- 1 Papaya
- 1 EL Zitronenmelisse, gehackt (oder 1 EL Minze)
- 1 EL weiße Schokoladenstreusel

Vorspeise: Kartoffeln, Sellerie und Möhren schälen und waschen. Lauch waschen und den weißen Teil in Ringe schneiden (siehe auch Seite 19). Mit Olivenöl und Butter glasig anschwitzen. Salz, Pfeffer, 1 Prise Zucker dazugeben, mit Weißwein ablöschen und etwa 2 Minuten aufkochen lassen. Mit Brühe und Sahne auffüllen, Safran dazugeben und bei schräg aufgesetztem Deckel etwa 20 Minuten leicht köcheln lassen. ➖ Einige Streifen Zitronenschale klein hacken. Die Miesmuscheln mit Petersilie und der Zitronenschale sowie einigen Spritzern Zitronensaft marinieren.

Dessert: Mango schälen, entkernen und in kleine Würfel schneiden, mit dem Mangopüree vermengen und in 4 Gläser aufteilen. ➖ Milch mit Zucker verrühren, bis sich dieser auflöst. Mascarpone dazugeben. 1 TL Schale fein von der Limette abreiben. Unter die Mascarponecreme rühren. Über die Mango verteilen. ➖ Papaya halbieren, entkernen, schälen und in kleine Würfel schneiden. Zitronenmelisse mit den Papayastücken vermischen und auf die Mascarponecreme verteilen. Kalt stellen.

Hauptgang: Ofen auf 120 °C vorheizen. Kaninchenrückenfilets parieren (die Silberhaut entfernen), Zuckerschoten waschen und in ein wenig kochendem Salzwasser 2 bis 3 Minuten blanchieren. Kalt abschrecken.

Vorspeise: Suppe mit einem Stabmixer cremig pürieren, nochmals abschmecken. Zum Servieren in Teller geben und mit den Miesmuscheln garnieren.

Hauptgang: In einer Pfanne 1 EL Olivenöl erhitzen und Gnocchi anbraten, Sesamsaat und -öl dazugeben, mit Salz und Pfeffer würzen, in einer Schüssel warmstellen. ➖ In einer weiteren Pfanne 1 EL Olivenöl erhitzen und die Kaninchenfilets darin etwa 3 Minuten von allen Seiten scharf anbraten, mit der Teriyaki-Sauce ablöschen und noch mal aufkochen lassen. In eine feuerfeste Form geben und im Ofen gar ziehen lassen. ➖ Schalotten und Knoblauchzehe schälen und klein hacken. In der Gnocchi-Pfanne 1 EL Butter erhitzen und Schalotten und Knoblauch glasig anschwitzen, die blanchierten Zuckerschoten dazugeben, mit Salz, Pfeffer und einigen Spritzern Zitronensaft abschmecken. ➖ Das Zuckerschoten-gemüse in die Mitte der Teller geben, Gnocchi außen herum verteilen, je ein Kaninchenfilet auf das Gemüse legen und mit Sauce beträufeln. Servieren.

Dessert: Mangocreme zum Servieren aus dem Kühlschrank nehmen und mit den weißen Schokoladenraspeln bestreuen.

45 Minuten | für 4 Personen

Crab Cakes mit Rouille
Skrei auf Lauchgemüse
Eis im Knuspermantel

Crab Cakes sind eine nordamerikanische Spezialität aus Garnelen. Rouille ist eine würzige provenzalische Mayonnaise mit Safran. Und der Skrei gilt als der edelste Fisch Norwegens, ein Winterkabeljau mit besonders feinem Geschmack und festem Fleisch.

VORSPEISE

1 altes Brötchen
100 ml Milch
10 TK-Riesengarnelen (geschält)
2 Frühlingszwiebeln
2 Knoblauchzehen
Salz, Pfeffer
1 TL Fischsauce
1 TL helle Sojasauce
2 EL frischer Koriander
1 Ei
100 g Mayonnaise
30 g Crème fraîche
50 ml Weißwein
einige Safranfäden
200 g frischer Babyspinat
3 EL Rapsöl
Zitronensaft

HAUPTGANG

800 g festkochende Kartoffeln
3 Stangen Lauch
1 süßer roter Apfel
1 grüner Apfel
3 EL Butter
2 EL Olivenöl
25 g magere Speckwürfel
1 EL eingelegter grüner Pfeffer
800 g Skrei- oder Kabeljaufilet, ohne Haut (4 Stücke je 200 g)
Mehl
8 Thymianzweige
Salz, Pfeffer
200 ml Sahne
100 ml Gemüsebrühe
1 TL Honig, 1 TL Senf
2 EL Petersilie, gehackt

DESSERT

100 g Mandeln
50 g getrocknete Kirschen
100 g Knusper-Schoko-Müsli
4 große Kugeln Vanilleeis
Minze und frische Beeren nach Belieben

Vorspeise: Wasser erhitzen. Brötchen grob zerreißen, in einem tiefen Teller mit Milch begießen, ziehen lassen. – Garnelen kurz überbrühen, abspülen, fein hacken und in eine Schüssel geben. Frühlingszwiebeln waschen, in hauchfeine Ringe schneiden, zu den Garnelen geben. Knoblauchzehen schälen und mit etwas Salz zu einem Mus zerreiben (siehe Seite 21), die Hälfte zu den Garnelen geben, alles gut vermengen. – Garnelen mit Salz, Pfeffer, Fischsauce, Sojasauce und gehackten Koriander würzen. Das eingeweichte Brötchen ausdrücken und mit dem Ei zu der Garnelenmasse geben. Gut vermengen. – Für die Rouille Mayonnaise mit Crème fraîche und restlichem Knoblauchmus vermengen. Weißwein mit den Safranfäden einmal kurz aufkochen und abkühlen lassen. Währenddessen den Babyspinat gründlich waschen. Weißwein zu der Majo-Creme geben, mit Salz, Pfeffer und etwas Zitronensaft abschmecken.

Hauptgang: Kartoffeln waschen. Ungeschält in Salzwasser aufsetzen und etwa 20 Minuten kochen.

Dessert: Für den Knuspermantel Mandeln, getrocknete Kirschen und Knuspermüsli im Blitzhacker zerkleinern.

Vorspeise: Die Garnelenmasse zu 10 gleich großen Kugeln formen. In einer großen Pfanne Rapsöl erhitzen, die Kugeln leicht platt gedrückt auf jeder Seite bei mittlerer Hitze 3 bis 4 Minuten garen. Zu den Crab Cakes den Babyspinat, mit etwas Zitronensaft und Öl angemacht, und die Rouille reichen.

Hauptgang: Lauch waschen und in 1 cm breite Ringe schneiden (siehe Seite 19). Äpfel waschen, abreiben, vierteln, entkernen und in 0,5 cm dünne Scheiben schneiden. – In 2 Pfannen jeweils 1 EL Butter und Olivenöl erhitzen. In die eine Pfanne Lauch, Äpfel, Speckwürfel und den grünen Pfeffer geben, gut durchschwenken. Skreifilets in etwas Mehl wenden und mit den Thymianzweigen in die andere heiße Pfanne geben. Beide Pfannen mit Salz und Pfeffer würzen. – Lauch mit Sahne und Brühe ablöschen, anschließend mit Honig und Senf abschmecken. – Kartoffeln abgießen, in eine Schüssel geben und mit 1 EL Butter sowie der Petersilie vorsichtig vermengen. Lauchgemüse in der Tellermitte anrichten, je ein Filet obendrauf setzen. Dazu die Kartoffeln servieren.

Dessert: Knuspermischung in einen tiefen Teller geben, jede Kugel Eis einmal darin schwenken. Nach Belieben mit frischen Beeren oder Minze servieren.

45 Minuten | für 4 Personen

Caviar d'Aubergines
Piccata Milanese
Toffee Tarte

Ein Menü für laue Sommerabende. Zu der leichten Vorspeise aus Auberginen und den herzhaften Kalbsschnitzel in Tomatensauce gibt es ein zuckersüßes Dessert aus Bananen und Schokolade.

VORSPEISE

4 Knoblauchzehen

2 mittelgroße Auberginen

2 Lorbeerblätter

4 Rosmarinzweige

4 Thymianzweige

2 Lavendelzweige

½ kleine rote Chilischote

1 Zitrone

Salz, Pfeffer

3 EL Olivenöl

HAUPTGANG

2 Knoblauchzehen

2 EL Olivenöl

3 kleine Dosen gehackte Tomaten (je 400 g)

Salz, Pfeffer, Zucker

10–12 EL Basilikum, gehackt

300 g Spaghetti

4 EL Butterschmalz

2 große Eier

4 EL Pecorino, frisch gerieben

500 g Kalbsschnitzel, in 8 Scheiben geschnitten

6 EL Mehl

DESSERT

100 g Butter

200 g Butterkekse

1 Prise Salz

4 EL Zucker

4 reife kleine Bananen

100 ml Milch

300 ml Schlagsahne

2 EL Schokoladensauce

100 g geraspelte Schokolade

Vorspeise: Backofen auf 220 °C Umluft vorheizen. Knoblauchzehen schälen und halbieren. Auberginen waschen, längs halbieren, aber nicht ganz durchschneiden, aufklappen und mit Knoblauch, Lorbeer, Rosmarin, Thymian und Lavendel füllen. Zugeklappt in Alufolie einpacken. 20 bis 30 Minuten backen.

Hauptgang: Geschälte Knoblauchzehen in 2 EL Olivenöl anrösten. Tomaten dazugeben und mit Salz, Pfeffer und 1 Prise Zucker würzen. Bei mittlerer Hitze leise köcheln lassen. ➥ Wasser im Wasserkocher vorkochen.

Dessert: Butter schmelzen. Butterkekse in einem Gefrierbeutel fein zerbröseln. Mit 1 Prise Salz und der Butter zu einem Teig kneten und in einer Springform verteilen: Den Boden dabei völlig bedecken und einen 2 cm hohen Rand formen. ➥ Zucker in einer heißen Pfanne sanft karamellisieren lassen. Die Pfanne öfter mal schwenken. 2 Bananen mit der Milch in einem hohen Gefäß pürieren. Sobald der Zucker geschmolzen ist und goldene Blasen wirft, die Bananenmilch dazugeben und unter ständigem Rühren in 2 Minuten völlig vermischen. Gleichmäßig auf dem Keksboden verteilen und ins Gefrierfach zum Abkühlen stellen.

Vorspeise: Chilischote halbieren, entkernen und in feine Ringe schneiden, Zitrone auspressen. Auberginen vorsichtig auspacken, Kräuter entfernen und mit einem Esslöffel das Fruchtfleisch rauslöffeln. In einer flachen Schüssel mit einer Gabel zu einem Mus zerdrücken. Mit Salz, Pfeffer, Chili, Olivenöl und Zitronensaft abschmecken. Mit etwas frischem Brot servieren.

Hauptgang: Spaghetti in reichlich kochendem Salzwasser nach Packungsangabe al dente kochen. ➥ In einer großen Pfanne Butterschmalz schmelzen. Eier in einen Teller geben, je eine Prise Salz und Pfeffer dazu, mit einer Gabel ordentlich vermengen und den Pecorino dazugeben. Kalbsschnitzel erst in etwas Mehl wenden und dann durch die Ei-Pecorino-Masse ziehen, bis sie vollständig von ihr umschlossen sind. In der heißen Pfanne bei mittlerer Hitze von jeder Seite 3 bis 4 Minuten braten. ➥ Basilikum zu den Tomaten geben, dann 2 EL der Sauce unter die abgegossene Pasta heben. Nudeln mit der Tomatensauce und den Piccatas anrichten.

Dessert: Die restlichen 2 Bananen schälen, in schräge Scheiben schneiden und kreisförmig auf der mittlerweile fast kalten Torte auslegen. Die Sahne steif schlagen und auf den Bananenscheiben verteilen, die Schokoladensauce mit einem Löffel in großen Kreisen auf die Sahne geben, nicht untermischen, es soll eine Marmorierung entstehen. Mit der geraspelten Schokolade bestreut servieren.

45 Minuten | für 4 Personen

Gurkensalat mit Gambas
Zander mit Kräuterkruste
Pfirsich-Mandel-Törtchen

Die Mandeln und der nussige Geschmack des Sesams verbinden die Gänge dieses frisch-fruchtigen Menüs, das die europäische und asiatische Küche auf geschmackvollste Weise vereint.

VORSPEISE

1 Möhre

3 kleine Bio-Salatgurken

2 EL Sweet Chili Sauce

1 EL Sesam, geröstet

1 EL frischer Koriander, grob gehackt

½ Bio-Limette

½ TL Sesamöl

1 EL Olivenöl

8 TK-Riesengarnelen (geschält)

1 Knoblauchzehe

Salz, Pfeffer

HAUPTGANG

800 g Zanderfilet, ohne Haut in 8 Stücke geschnitten

½ Bio-Zitrone

50 g Semmelbrösel

5 EL Olivenöl

4 EL körniger Senf

1–2 EL Honig

50 g Mandeln, gehackt

je 1 EL Thymian, Petersilie und Estragon, gehackt

1 Bund Möhren

2 Tassen Jasminreis

Salz, Pfeffer, Zucker

1 Zwiebel

2 grüne Kardamom-Kapseln

1 EL Butter

DESSERT

6 kleine Tartelettes (fertig zu kaufen, aus Mürbeteig)

1 Ei

100 g gemahlene Mandeln

100 g weiche Butter

90 g feiner Zucker

1 Bio-Orange, 1 TL Zesten

½ Bio-Zitrone, 1 TL Zesten

1 Prise Zimt

1 Vanilleschote

175 g Pfirsichkonfitüre (oder Johannisbeergelee)

200 g Crème fraîche

Dessert: Backofen auf 180 °C Ober- und Unterhitze vorheizen. Tartelettes auf ein mit Backpapier ausgelegtes Blech setzen. – Ei, Mandeln, Butter, Zucker, Orangen- und Zitronenschalen, Zimt und Mark der Vanilleschote mit einem Mixer zu einer glatten Creme rühren. In jedes Törtchen abwechselnd einen Löffel Konfitüre und einen Löffel der Creme füllen. Für etwa 15 Minuten im Backofen auf der mittleren Schiene backen.

Hauptgang: Fischfilets abspülen, trocken tupfen und auf ein mit Backpapier ausgelegtes Blech legen. Abdecken und kühl stellen. – Für die Kräuterkruste 1 TL feingeriebene Zitronenschale, Semmelbrösel, 4 EL Olivenöl, Senf, Honig, Mandeln und Kräuter kurz mit dem Pürierstab in einem Mixbecher zu einem festen Brei verarbeiten. – Möhren schälen, schräg in dünne Scheiben schneiden.

Vorspeise: Wasser erhitzen. – Möhren schälen und in feine Streifen schneiden. Gurken waschen, trocken reiben, ungeschält mit einem Sparschäler in Längsstreifen schneiden. Mit den Möhrenstreifen vermengen. – Sweet Chili Sauce, Sesam, Koriander, Saft und fein geriebene Schale der Limette sowie Sesamöl zu einem Dressing verrühren und unter den Gurkensalat mischen. – In einer Pfanne 1 EL Olivenöl erhitzen. Die Garnelen kurz überbrühen (Rest des Wassers für den Reis beiseitestellen), abspülen und mit der geschälten Knoblauchzehe scharf auf jeder Seite 1 bis 2 Minuten anbraten. Mit Salz und Pfeffer würzen.

Hauptgang: Den Fisch mit der Kräuterkruste gleichmäßig bedecken, salzen, pfeffern und – wenn die Törtchen den Backofen verlassen haben – etwa 20 Minuten auf der mittleren Schiene im Ofen backen. – 4 Tassen vorgekochtes Wasser salzen und in einem Topf mit Deckel zum Kochen bringen. Zwiebel schälen, mit Reis und Kardamom ins kochende Wasser geben, die Temperatur reduzieren, sodass der Reis unter dem Deckel nur noch gar zieht (15 bis 20 Minuten).

Vorspeise: Gurkensalat abschmecken, in kleine Schüsseln geben und mit je 2 Garnelen servieren.

Hauptgang: Möhren in kochendes Salzwasser geben und etwa 5 Minuten garen. Die noch knackigen Karotten in je 1 EL Olivenöl und Butter anbraten, mit Salz, Pfeffer und 1 Prise Zucker sowie einigen Spritzern Zitronensaft abschmecken. – Reis in der Tellermitte anrichten, außen herum die Möhrenstreifen verteilen und je 2 Fischfilets obendrauf anlegen.

Dessert: Die Törtchen mit je einem Klacks Crème fraîche servieren.

45 Minuten | für 4 Personen

Lachs auf Feldsalat
Rindersteak mit Pimentos
Clafoutis von Aprikosen

Pimentos sind pikante kleine Paprikas, man bekommt sie frisch im Asiashop oder im gut sortierten Supermarkt. Clafoutis ist eine Art süße Quiche aus Frankreich.

VORSPEISE

200 g Feldsalat

500 g frisches Lachsfilet (in 4 oder 8 Stücke geteilt)

Mehl

1 EL Olivenöl

100 g Butter

4 EL eingelegter grüner Pfeffer

Zitronensaft

Salz

HAUPTGANG

4 Hüftsteaks vom Rind (je 200 g)

Salz, Pfeffer

10–12 EL Olivenöl (150 ml)

4 Knoblauchzehen

2 Dosen weiße Bohnen (je 335 g Abtropfgewicht)

6 Thymianzweige

400 g Pimentos

grobes Meersalz

4 EL griechischer Joghurt (10 % Fett)

Zitronensaft

DESSERT

3 EL Butter

500 g frische Aprikosen

1 Rosmarinzweig

1 Bio-Orange

3 Eier

1 Tüte Vanillezucker

50 g Puderzucker

50 g Mehl

100 g cremiger Naturjoghurt

100 ml Milch

4 Kugeln Vanilleeis

Vorspeise: Feldsalat gründlich waschen, vorsichtig trocken schleudern.

Dessert: Backofen auf 200 °C Ober- und Unterhitze vorheizen. Eine Tarteform oder 4 kleine Formen mit etwas Butter einfetten. Etwas mehr als die Hälfte der entsteinten und geviertelten Aprikosen in der Form verteilen. Mit den klein gehackten Nadeln vom Rosmarinzweig bestreuen. – Schale der Orange fein abreiben, zusammen mit der restlichen Butter, den Eiern, Vanille- und Puderzucker in einer Schüssel mit dem Handmixer schaumig schlagen. In einer weiteren Schüssel Mehl mit Joghurt und Milch so vermengen, dass keine Klümpchen bleiben. Die Joghurt-Milch-Masse unter die Schaummasse heben und auf den Aprikosen verteilen. Die restlichen Aprikosen obendrauf legen und im vorgeheizten Ofen 30 bis 35 Minuten backen.

Vorspeise: Lachs auf der Hautseite leicht einritzen und mit der Hautseite in etwas Mehl legen. Die andere Seite drei- bis viermal leicht einschneiden. – Je 1 EL Olivenöl und Butter in einer Pfanne erhitzen, Lachs auf der Hautseite 2 Minuten anbraten. Restliche Butter in kleinen Flocken sowie die mit Wasser abgespülten Pfefferkörner dazugeben, Hitze reduzieren. Die Butter leicht bräunen lassen, den Lachs immer mal wieder mit der Butter begießen. Nach etwa 5 Minuten sollte die Butter gebräunt und der Fisch noch glasig sein. – Feldsalat auf einem großen Teller verteilen, Lachsstücke daraufsetzen und mit der Butter, etwas Zitronensaft sowie 2 Prisen Salz servieren. Dazu passt frisches Brot.

Hauptgang: Steaks salzen und pfeffern. In einer Pfanne 2 EL Olivenöl erhitzen, Steaks mit 2 geschälten Knoblauchzehen 3 bis 5 Minuten von allen Seiten scharf anbraten. In eine feuerfeste Form geben, mit Alufolie abdecken und für etwa 7 Minuten im heißen Ofen garen, danach abgedeckt ruhen lassen. – Bohnen abspülen und abtropfen lassen. In einem Topf mit 4 EL Olivenöl die restlichen 2 Knoblauchzehen sowie den Thymian anbraten, Bohnen dazugeben, kurz andünsten. – Pimentos 4 bis 5 Minuten in einer Pfanne mit 2 EL Olivenöl braten, mit grobem Meersalz würzen. – Bohnen in ein hohes Gefäß geben, mit 2 bis 4 EL Olivenöl, Joghurt, Salz und Pfeffer mit einem Pürierstab zu einem cremigen Püree zerkleinern. Mit etwas Zitronensaft abschmecken. – Püree in die Mitte des Tellers geben, die Steaks obendrauf anlegen und mit den Pimentos anrichten. Zum Schluss mit etwas Bratensaft beträufeln.

Dessert: Den noch warmen „Eierkuchen“ mit dem Vanilleeis servieren.

45 Minuten | für 4 Personen

Tomaten-Zucchini-Salat
Kalbsleber mit Salbei-Quitten
Aprikosenkompott

Reife Quitten bekommt man im Spätherbst. Ein guter Ersatz sind süß-saure Äpfel. Zu den Aprikosen passt Lavendel – den kaufen Sie am besten in einem Topf im Gartencenter oder als getrocknete Blüten in der Apotheke.

VORSPEISE

2 mittelgroße Zucchini
1 mittelgroße Aubergine
4–5 EL Olivenöl
4 Knoblauchzehen
3 Rosmarinzweige
Salz, Pfeffer
3 reife mittelgroße Tomaten
250 g Mozzarella
12 dünne Scheiben Baguette
100 g Friséesalat
einige Basilikumblätter
6 EL Basilikumpesto
4 getrocknete Tomaten (in Öl)
Aceto balsamico

HAUPTGANG

2 reife Quitten (oder Äpfel)
6 EL Olivenöl
Salz, Pfeffer, Muskatnuss
350 ml Süßwein (z. B. Beerenauslese, ersatzweise heller Traubensaft)
6 EL Honig
6 Stängel Salbei
600 g mehligkochende Kartoffeln
600 g Kalbsleber (geputzt, 4 Scheiben je 150 g)
Mehl
5 EL Butter
300 ml Milch
Aceto balsamico

DESSERT

500 g reife Aprikosen
2 EL brauner Zucker
6 Lavendelzweige
1 EL Aceto balsamico
1 Bio-Zitrone
300 ml Schlagsahne
1 Tüte Vanillezucker
2 EL Puderzucker

Hauptgang: Backofen auf 180 °C Ober- und Unterhitze vorheizen. Quitten überbrühen. Den Flaum der Quitten mit einem Geschirrtuch abreiben, Früchte vierteln, Kerngehäuse entfernen und in Spalten schneiden. In 4 EL Olivenöl für 4 bis 6 Minuten scharf anbraten. Salzen, pfeffern, mit Wein und Honig ablöschen. Kurz aufkochen lassen und in einer feuerfesten Form für etwa 35 Minuten im heißen Ofen backen, nach 30 Minuten den Salbei dazugeben.

Vorspeise: Zucchini und Aubergine waschen, in 1 cm dünne Scheiben schneiden. In einer großen Pfanne 1 EL Olivenöl erhitzen und Gemüsescheiben von jeder Seite 1 bis 2 Minuten scharf anbraten. Immer nur so viele Scheiben in die Pfanne geben, dass keine auf der anderen liegt, den Vorgang daher etwa dreimal wiederholen, je 1 geschälte Knoblauchzehe und 1 Rosmarinzweig dazugeben, mit Salz und Pfeffer würzen. Auf flachen Tellern abkühlen lassen.

Hauptgang: Kartoffeln schälen, klein schneiden und in einem Topf mit Salzwasser aufsetzen. Etwa 15 Minuten kochen.

Dessert: Aprikosen halbieren und entkernen, mit braunem Zucker, den Blüten von zwei Lavendelzweigen, Aceto balsamico, dem Saft der Zitrone sowie 1 TL Zitronenzesten in einen Topf geben und bei mittlerer Hitze in 15 Minuten zum Kompott kochen. Immer mal wieder umrühren. Abkühlen lassen.

Vorspeise: Tomaten und Mozzarella in dünne Scheiben schneiden. Baguette toasten, Knoblauchzehe darüberreiben. – Auf 4 großen Tellern zuerst den gewaschenen und trocken geschleuderten Friséesalat, dann abwechselnd frische Basilikumblätter, Zucchini, Auberginen, Tomaten, Mozzarella, Pesto und Baguettescheiben aufeinanderschichten. Immer wieder mal mit einer Prise Salz und Pfeffer würzen. – Zum Schluss mit klein gewürfelten getrockneten Tomaten bestreuen und mit Aceto balsamico beträufeln.

Hauptgang: Kalbsleber in Mehl wenden. In einer Pfanne mit 2 EL Olivenöl auf jeder Seite 2 bis 3 Minuten anbraten, nach dem Wenden 2 EL Butter dazugeben und die Leber immer wieder damit begießen. – Milch erhitzen. Kartoffeln abgießen. 3 EL Butter dazugeben und mit einem Kartoffelstampfer zerstampfen, dabei portionsweise heiße Milch zugeben. Mit Salz, Pfeffer und Muskat würzen. – Die gestampften Kartoffeln in die Tellermitte legen. Quitten und etwas Sud außen herum verteilen. Die Leber obendrauf anlegen. Nach Belieben mit einigen Tropfen Aceto balsamico beträufeln.

Dessert: Sahne mit Vanillezucker steif schlagen, Puderzucker sieben und unterheben. – Das kalte Kompott in tiefe Teller geben, Sahne auf dem Kompott verteilen. Nach Belieben mit Lavendelzweigen und -blüten dekorieren.

2 Wochen*

Pestos

Selbst gemacht schmecken sie am besten. In zehn Minuten zubereitet, halten sie mit einer dünnen Öl-Schicht bedeckt zwei Wochen im Kühlschrank. Sie eignen sich nicht nur für Pasta, sondern auch als Brotaufstrich oder zum Würzen von Salaten und Suppen.

BÄRLAUCHPESTO

4 EL geröstete Pinienkerne oder Mandeln mit **100 g frischem Bärlauch, 3 EL Petersilie, 50 g Parmesan** oder Pecorino und **150 ml Olivenöl** mit dem Pürierstab kurz in einem hohen Gefäß oder im Schnellhacker pürieren. Mit **Salz** und **Pfeffer** abschmecken. Für ein klassisches Basilikumpesto ersetzen Sie Bärlauch durch Basilikum.

WALNUSS-KAPERN-PESTO

100 g gehackte Walnüsse ohne Fett rösten. **1 Knoblauchzehe** schälen. **3 ½ EL Kapern** abspülen, **6 EL Petersilie** ohne Stiele grob hacken, alles zusammen mit **75 ml Olivenöl** in ein hohes Gefäß geben und mit dem Pürierstab grob pürieren. Dann **100 g Parmesan** fein reiben und untermixen. Achtung: Das Pesto sollte nicht zu fein werden. Mit **Zitronensaft, Salz** und **Pfeffer** abschmecken. Den Säuregrad steuern Sie durch die Menge an Zitronensaft.

TOMATENPESTO

4 EL Mandeln ohne Fett goldbraun rösten und abkühlen lassen. **125 g getrocknete Tomaten** klein hacken und mit **1 Knoblauchzehe, ¼ rote Chilischote** und **180 ml Olivenöl** in ein hohes Gefäß geben und mit einem Pürierstab pürieren. Mit **Salz** abschmecken.

ORIENTALISCHES PESTO

250 g getrocknete Tomaten grob klein hacken. Mit einem Zestenreißer die Schale von **1 Limette** abreiben. **50 g Sesam** ohne Fett goldbraun rösten. Tomaten, **2 EL Rosinen** und Limettenzesten mit **½ TL Sesamöl** und **50 ml Sonnenblumenöl** in ein hohes Gefäß geben und mit dem Pürierstab fein mixen. Mit **Salz, Pfeffer** und **Ras el-Hanout,** einigen Spritzern Limettensaft und dem gerösteten Sesam abschmecken. Ras el-Hanout ist eine marokkanische Gewürzmischung, die aus bis zu vierzig verschiedenen Zutaten besteht.

Dressings

Kein Salat ohne gutes Dressing. Wir stellen Ihnen vier Saucen vor, die Sie blitzschnell herstellen und in wieder verschließbaren Flaschen bis zu zwei Wochen im Kühlschrank lagern können.

SENF-DRESSING

2 TL groben Dijon-Senf langsam mit **240 ml Olivenöl** hochziehen (vermischen). Eine gute Prise **Pfeffer** dazu sowie ½ **TL Salz** und **2 ½ EL cremigen Honig** (Lavendel- oder Rapskleehonig). Weiter hochziehen, dann langsam **4 EL Rotweinessig** unterarbeiten. Passt hervorragend zu Blattsalaten und Obst. Schneiden Sie eine Birne in dünne Spalten oder nehmen Sie ein paar Granatapfelkerne und geben sie mit in Ihren Salat.

SESAMÖL-DRESSING

4 EL Aceto balsamico und **6 EL Marmelade** aus dunklen Früchten (wie Kirschen, Himbeeren oder Johannisbeeren) vermischen. Mit **Salz** und **Pfeffer** abschmecken. Zum Schluss **240 ml Olivenöl** und **1 ½ EL Sesamöl** dazugeben. Sesamöl können Sie im Asiashop oder im gut sortierten Supermarkt kaufen.

HASELNUSS-DRESSING

4 EL Estragonessig mit **4 EL weißem Balsamessig** mischen, mit **Salz, Pfeffer** und **1 Prise Zucker** abschmecken. Zuletzt **100 ml Haselnussöl** und **240 ml Olivenöl** dazugeben. Wenn Sie keinen Estragonessig zur Hand haben, nehmen Sie stattdessen 8 EL weißen Balsamessig und würzen mit einem 1 EL frisch gehacktem oder getrocknetem Estragon oder 1 ½ EL Honig.

JOGHURT-DRESSING

300 g cremigen Naturjoghurt mit **1 gehäuften EL Honig** und **2 EL Limetten- oder Zitronensaft** verrühren. **1 halbe Handvoll Schnittlauch** in hauchfeine Ringe schneiden (mit einer Schere) und ebenfalls unterrühren. Dann **1 TL Olivenöl** einarbeiten. Dieses Joghurt-Dressing hält sich nicht ganz so lange wie die auf Öl basierten Dressings. Brauchen Sie es in etwa 3 bis 4 Tagen auf.

Saucen

Mit der Hoisin- und der Teriyaki-Sauce lassen sich fernöstliche Gerichte zaubern. Chili-Öl und Ketchup halten sich mindestens drei Monate, brauchen dafür aber rund eine Woche, bis sie ihren Geschmack voll entfaltet haben.

HOISIN-SAUCE

1 Knoblauchzehe zu Mus verarbeiten, **½ Zwiebel** schälen und klein würfeln. Zusammen mit **150 ml dunkler Sojasauce, 75 g schwarzer Bohnenpaste, 3 EL Honig, 3 EL Mirin** (japanischer Reiswein), **2 EL Limettensaft, 6 EL Sesamöl** und **6 EL Chili-Öl** in einen Topf geben und aufkochen, 2 Minuten köcheln lassen (statt gekauftes Chili-Öl geht auch 1 Prise Chilipulver mit 1 EL neutralem Öl). Die Sauce passt zu gebratenem Gemüse oder Fleisch.

ORANGEN-CHILI-ÖL

6 Bio-Orangen überbrühen und trocken reiben. **7 kleine rote Chilischote** waschen, trocken reiben, mehrfach mit einer Gabel einstechen. Die Schale der Orangen dünn abschneiden. Schale, Chili und **450 ml Olivenöl** in einem Topf auf 60 °C erhitzen und für 30 Minuten ziehen lassen. Öl in eine Flasche füllen und luftdicht verschließen. Nach 1 Woche im Kühlschrank das Öl durch ein Sieb streichen, in eine saubere Flasche füllen und luftdicht verschließen.

TERIYAKI-SAUCE

50 g Ingwer schälen, in Scheiben schneiden. Mit **200 ml Mirin** (japanischer Reisweinessig), **100 ml dunkle Sojasauce, 200 ml Brühe, 3 EL braunem Zucker, 3 Kaffirlimettenblätter** und **1 kleinen roten Chilischote** in einen Topf geben, aufkochen lassen und für etwa 30 Minuten köcheln lassen. Durch ein Sieb abseien.

KETCHUP

50 g Rohrzucker im Topf leicht karamellisieren lassen, mit **500 g passierten Tomaten** ablöschen, **1 Zimtstange, 1 Sternanis, 10 schwarze Pfefferkörner, 1 Nelke, 5 Pimentkörner, 1 kleine rote Chilischote, 5 Rosmarinzweige, 5 Thymianzweige** und **2 Lorbeerblätter** dazugeben und bei mittlerer Hitze köcheln lassen, bis die Sauce eine dickliche Konsistenz erreicht hat (20 bis 35 Minuten). Durch ein Sieb streichen und mit Salz abschmecken. Noch mal aufkochen, in einer Flasche luftdicht verschließen. Hält sich im Kühlschrank etwa vier Monate.

Dips

Unsere Dips schmecken zu Kartoffeln, Fladenbrot, Nachos, als Vorspeise oder als Zwischengericht. Man kann sie einige Tage im Kühlschrank aufbewahren.

MOJO ROJO

200 g rote Paprika entkernen, **5 Knoblauchzehen** schälen, **5 Kirschtomaten** häuten. Zusammen mit **½ entkernten roten Chilischote, 90 ml Olivenöl** und **2 EL Aceto balsamico** in ein hohes Gefäß geben und mit dem Stabmixer fein pürieren. Mit **1 TL Kreuzkümmel, Salz, Pfeffer, Zucker** und **2 EL würziger Fleischbrühe** abschmecken. Falls die Sauce zu dünn ist, mit etwas Semmelbröseln andicken.

HUMMUS

1 Schalotte schälen und klein würfeln. Zusammen mit **1 Dose Kichererbsen** (425 g), **1 EL Tahinpaste, 1 TL gemahlener Kreuzkümmel** und **2 EL Olivenöl** in ein hohes Gefäß geben und mit dem Stabmixer fein pürieren. Mit **Salz, Pfeffer** und dem Saft von **1 Zitrone** abschmecken, gegebenenfalls noch etwas mehr Tahinpaste dazugeben. **1 EL frisch gehackten Koriander** unterheben und mit Pitabrot servieren.

GUACAMOLE UND TOMATEN

2 Schalotten und **2 Knoblauchzehen** schälen und klein würfeln. **3 reife Avocados** halbieren, Kern entfernen und Fruchtfleisch herauskratzen. Mit Schalotten und Knoblauch in ein hohes Gefäß geben und cremig pürieren. Mit **Salz, Pfeffer** und dem Saft von **1 Zitrone** abschmecken. **4 EL frischen Koriander** und **1 EL Minze** klein hacken. **3 mittelgroße Tomaten** vierteln, entkernen und würfeln, mit den Kräutern und **1 EL Olivenöl** vermengen und mit der Guacamole servieren. Dazu schmecken Tortillachips.

VIETNAMESISCHER DIP

120 ml Fischsauce mit **120 ml Wasser, 6 EL frisch gehacktem Koriander, 4 gehackten kleinen Chilischoten** und **2 EL braunem Zucker** in einer Schüssel mischen. Kurz ziehen lassen und etwa zu Hühnerspießen servieren. Fischsauce ist eine vietnamesische Spezialität aus Anchovis und hält sich sehr lange im Kühlschrank.

T

W

Z

Die Autoren:

Lena Elster ist gelernte Köchin und hat sieben Jahre in ihrem Traumberuf gearbeitet. Heute hat die zweifache Mutter ein Cateringunternehmen und liebt es, mit wenig Zeit genussvoll zu kochen.

Thomas Askan Vierich war jahrelang Gastroredakteur bei einem Berliner Stadtmagazin. Jetzt lebt er als Schriftsteller und Journalist in Wien, wo er privat häufig kocht und sich beruflich immer noch viel mit Essen beschäftigt.

1. Nachdruck 2018

Stiftung Warentest
Lützowplatz 11–13
10785 Berlin
Tel. 0 30/26 31–0
Fax 0 30/26 31–25 25
www.test.de
email@stiftung-warentest.de

USt-IdNr.: DE136725570

Programmleitung: Niclas Dewitz

Projektleitung / Lektorat: Ramona Jäger
Korrektor: Hartmut Schönfuß, Berlin
Fachliche Beratung: Nicole Merbach
Titel, Art Direktion, Layout, Satz:
Büro Brendel, Berlin
Fotografie: Knut Koops, Berlin
Foodstyling: Frauke Koops, Geesthacht
Illustrationen: Büro Brendel, Berlin
Cienpies Design/Shutterstock.com
Produktion: Vera Göring
Verlagsherstellung: Rita Brosius (Ltg.), Romy Alig, Susanne Beeh
Litho: tiff.any GmbH, Berlin
Druck: Westermann Druck Zwickau GmbH

ISBN: 978-3-86851-030-0

Wir haben für dieses Buch 100 % Recyclingpapier verwendet. Stiftung Warentest druckt ausschließlich in Deutschland, weil hier hohe Umweltstandards gelten und kurze Transportwege für geringe CO_2-Emissionen sorgen. Auch die Weiterverarbeitung erfolgt ausschließlich in Deutschland.